LE

BILLET DE BANQUE

FIDUCIAIRE

SA FABRICATION. — SON MODE D'ÉMISSION. — SON RÔLE.
SA SUPPRESSION.

PAR

ARTHUR LEGRAND

Député de la Manche

EXTRAIT DE LA *REVUE DE FRANCE*
(Livraisons des 15 septembre et 1er octobre 1879.)

PARIS

IMPRIMERIE DE LA SOCIÉTÉ ANONYME DE PUBLICATIONS PÉRIODIQUES
13, QUAI VOLTAIRE, 13

1879

LE
BILLET DE BANQUE
FIDUCIAIRE

SA FABRICATION. — SON MODE D'ÉMISSION. — SON RÔLE.
SA SUPPRESSION.

PAR

ARTHUR LEGRAND

Député de la Manche.

EXTRAIT DE LA *REVUE DE FRANCE*

(Livraisons des 15 septembre et 1ᵉʳ octobre 1879.)

PARIS

IMPRIMERIE DE LA SOCIÉTÉ ANONYME DE PUBLICATIONS PÉRIODIQUES
13, QUAI VOLTAIRE, 13

—

1879

Paris. — Imprimerie P. Mouillot, 13, quai Voltaire.

LE

BILLET DE BANQUE FIDUCIAIRE

I

SA FABRICATION

Le billet de banque, ce morceau de papier qui est l'objet de tant de convoitise, et avec lequel on croit pouvoir tout se procurer, hormis cependant de la considération, constitue un instrument de payement dont l'usage et le rôle méritent d'être définis.

La manière dont le billet de banque est confectionné, ainsi que les conséquences qui découlent de sa création sont dignes d'attirer l'attention de ceux qui considèrent le progrès comme une loi essentielle de la nature humaine, et qui croient que l'étude des faits est le plus sûr chemin des améliorations durables.

Il en est du billet de banque comme des autres produits manufacturés. Pour se rendre compte de son rôle, il faut commencer par examiner les outils à l'aide desquels il est fabriqué.

Une banque d'émission, c'est-à-dire une manufacture de billets de banque fiduciaires nécessite un outillage peu compliqué et dont la mise en œuvre est simple. Une presse à imprimer, un coffre-fort destiné à recevoir l'encaisse, un portefeuille et deux ou trois guichets constituent le matériel indispensable. Si on ajoute à ces instruments une bonne réputation de sagesse et de prudence, et enfin accessoirement un capital quelconque, on aura tout ce qui est nécessaire pour émettre du papier fiduciaire, dût-on atteindre à plusieurs milliards. Nous ne nous occupons, bien entendu, que des banques d'émission ne jouissant pas du privilège du cours forcé, car lorsque le cours forcé existe, ces sortes d'établissements ne sont pas autre chose que des manufactures de papier-monnaie.

Les guichets des banques d'émission fiduciaire sont les portes de communication avec le public; c'est par le premier guichet qu'entrent les effets commerciaux destinés à être escomptés, et c'est par le second que sortent les billets livrés par la banque au public. Une banque d'émission doit avoir, en effet, pour principale attribution de faire l'escompte; seulement, au lieu de payer avec de l'or ou de l'argent, comme le ferait un banquier ordinaire, elle paye avec une monnaie qu'elle fabrique au moyen de sa presse à imprimer. Ainsi, un négociant qui a vendu pour 20,000 francs de coton à un filateur, moyennant une promesse à trois mois, et qui ne veut pas attendre cette échéance, parce qu'il a besoin de son argent pour acheter de nouveaux cotons qu'il revendra encore à un autre filateur, se présente à la banque d'émission dont nous exposons le mécanisme. Il demande l'escompte de son billet ou effet de commerce, qui dans trois mois vaudra 20,000 francs. On sait que l'escompte a pour but de faire retrouver immédiatement le capital engagé dans une opération, afin de pouvoir en entreprendre une autre. Escompter, c'est restituer un capital avant que l'opération dans laquelle il est engagé soit résolue; c'est donner la faculté de travailler sans interruption. Si donc l'effet commercial de 20,000 francs offert à la banque, est reconnu bon, c'est-à-dire s'il est revêtu de signatures présentant des garanties sérieuses, on remet au marchand de coton la somme de 20,000 francs, diminuée de l'intérêt des trois mois à courir, intérêt qui est calculé sur un taux quelconque, soit 5 pour 100 par exemple, soit plus ou moins selon l'état du marché. Cette somme est livrée, non pas sous la forme de pièces de monnaie, mais sous la forme de morceaux de papier, sur lesquels est imprimée une promesse de pièces de monnaie réalisable à présentation. Ces morceaux de papier, — que l'on appelle des billets de banque, — sont échangés, comme on le voit, par l'établissement qui les a fabriqués contre d'autres papiers qui sont des effets de commerce portant l'indication d'une échéance fixe, à trois ou à six mois.

A partir de ce jour, la banque, par suite de cette émission, doit 20,000 francs (en réalité 20,000 francs, moins la retenue opérée pour l'escompte) en espèces à vue à celui qui en demandera le payement en présentant les billets de banque, et elle a, pour acquitter cette dette, un effet commercial de 20,000 francs, échéant dans trois mois.

Le marchand de coton qui s'est défait, moyennant une petite perte, que l'on appelle le taux de l'escompte, de ses 20,000 francs en papier de commerce, et qui a maintenant un capital en billets de banque un peu inférieur à 20,000 francs, mais circulant comme de l'argent comptant, achète d'autres marchandises, ainsi qu'il l'aurait fait avec de l'or ou de l'argent que lui aurait donné une banque ordinaire. Quant à la banque d'émission, elle a mis dans son portefeuille les effets escomptés et signés par le filateur. L'échéance venue, elle en réclame le montant. Le filateur, acquéreur des cotons et signataire de ces effets, donne les 20,000 francs soit en billets de banque, billets qui sont entre ses mains, par suite du roulement ordinaire des instruments de payement, soit en monnaie métallique. Si le payement est fait en billets de la banque, l'engagement que l'établissement a pris en émettant une égale quantité de billets au moment de l'escompte se trouve annulé, compensé; ce sont les mêmes billets ou d'autres semblables, peu importe; ce qui est certain, c'est que l'engagement pris vis-à-vis du public de payer 20,000 francs en espèces n'existe plus. Cet engagement est éteint. Si, au contraire, le payement est fait par le filateur en monnaie métallique, cette monnaie sera déposée dans le coffre-fort dit encaisse et sera donnée au porteur des billets qui ont été émis, lorsqu'il les présentera à la banque pour en demander le remboursement. Le billet de banque doit toujours revenir mourir au gîte où il est né, quelles que soient les pérégrinations auxquelles il se livre; il peut rentrer à la maison dont il est sorti de deux manières : ou bien c'est un débiteur qui s'acquitte au moyen de cette monnaie fiduciaire, ou bien c'est un porteur qui, pour une raison ou pour une autre, désire être remboursé en métal. — Ce porteur en a d'autant plus le droit que son titre est remboursable à présentation.

On a défini souvent le billet de banque une anticipation d'échéance, mais c'est une anticipation apparente; car du jour de son émission jusqu'à l'échéance du billet commercial qu'il a escompté, il circule à découvert, c'est-à-dire qu'il n'a pas sa contre-partie en numéraire.

Cette contre-partie métallique, il ne l'aura qu'au moment de l'échéance de l'effet commercial, et peut-être même ne l'aura-t-il jamais si l'effet qui a été escompté est acquitté au moyen de billets de banque. Pour faciliter la compréhension de ce mécanisme, on pourrait supposer que c'est le même billet de banque qui, émis au moment de l'escompte, vient payer lui-même à l'échéance déterminée l'effet commercial qui l'a fait naître. En d'autres termes, une émission de billets de banque n'est qu'une substitution sur l'échiquier commercial du papier revêtu de la garantie d'un grand établissement connu de tout le monde à un papier revêtu de la garantie de quelques commerçants inconnus de la généralité des producteurs et des consommateurs, papier qui, par conséquent, ne pourrait pas facilement passer de main en main; seulement, au lieu de mettre sur son billet : « il sera payé dans trois mois », la banque qui émet inscrit cet engagement : « il sera payé à vue, » ce qui constitue une différence notable.

L'effet commercial qui n'est pas payable au porteur et à vue est donc remplacé dans la circulation par un billet qui a la prétention d'être, au contraire, payable au porteur et à vue. Malgré sa promesse, le billet de banque est à terme en réalité comme le papier qui a été escompté et qui a été déposé dans le portefeuille. Rigoureusement, l'indication imprimée sur le billet de banque est impossible à réaliser; le remboursement ne peut être accompli qu'au moment de l'échéance de l'effet commercial escompté. Dans la pratique, cette promesse de payement est cependant quelquefois réalisée bien avant cette époque; mais c'est parce que si des billets sont présentés au remboursement peu de temps après leur naissance, d'autres, au contraire, circulent bien des années entre les mains du public, et la contre-partie métallique de ceux qui ont une longue existence peut être affectée à ceux qui n'ont qu'une durée éphémère et plus courte que la durée du billet de commerce mis dans le portefeuille. L'encaisse est un fonds commun qui sert à rembourser aussi bien les billets de banque correspondant à des effets de portefeuille déjà échus qu'à rembourser ceux qui correspondent à des effets non encore échus. En général, les banques d'émission maintiennent entre le chiffre de l'encaisse et le chiffre de la circulation du papier une proportion du simple au triple. C'est, du moins, la règle à laquelle la Banque de France a toujours cherché à se conformer. Ainsi, en temps ordinaire, pour un numéraire en caisse de 300 millions, elle laisse entre les mains du public pour 900 millions de billets de banque. Elle suppose qu'elle a assez de crédit pour devoir au public 900 millions, alors qu'elle n'a pour le payer que le tiers de cette somme. L'état de l'encaisse est toujours pour les banques d'émission l'objet d'une préoccupation de tous les instants, et, selon que le niveau monte ou baisse, elles augmentent ou diminuent leur émission.

Le chiffre de l'encaisse est incontestablement un symptôme, mais il n'est rien de plus. L'encaisse n'est jamais qu'une garantie nominale. Dans les temps de confiance, elle est à peu près inutile; dans les temps de crise, elle est toujours insuffisante.

Le niveau de l'encaisse indique, quand il baisse, une tendance au remboursement, tendance contre laquelle il est bon de se prémunir; mais on a vu souvent des réserves métalliques très minimes suffire pleinement à des émissions considérables, alors que, d'autres fois, des encaisses très élevées par rapport au découvert inspiraient des inquiétudes sérieuses. Ce n'est jamais dans l'encaisse que se trouve la garantie effective du billet de banque, c'est dans le portefeuille; mais cette garantie n'est qu'une réalité à venir, réalité néanmoins qui ne peut manquer de se produire, car une bonne banque d'émission n'escompte que des billets commerciaux revêtus de plusieurs signatures d'hommes qu'elle sait être solvables. Si, à un moment donné, tous les porteurs de billets voulaient exiger un remboursement, en supposant les chiffres indiqués plus haut, sur 900 millions de billets présentés au guichet, 300 seulement seraient payés. Les porteurs des 600 autres millions de billets perdraient-ils leur argent? Evidemment non. Seulement la fiction cesserait. Le billet de banque qui, malgré sa rédaction, n'a jamais été que la représentation d'une lettre de commerce à trois mois, ne serait plus considéré que comme une valeur à terme. La confiance publique en avait fait une valeur au comptant, la méfiance publique lui rend son caractère réel. Il n'est plus alors qu'un titre de crédit. Les porteurs des 600 millions de billets ne perdront pas, parce que si la Banque cesse absolument ses escomptes, et, par contre, ses émissions, et si le public veut attendre les échéances du papier déposé dans le portefeuille, une liquidation s'opérera tout naturellement au fur et à mesure de ces échéances, et permettra de rembourser intégralement tous les porteurs de billets. Cette liquidation peut s'opérer de deux manières : ou bien par des payements faits par le public à la Banque avec les billets fiduciaires, ou bien par des payements faits en monnaie métallique, et, dans ce dernier cas, cette monnaie sert à rembourser les billets qui sont entre les mains de créanciers de la Banque. En d'autres termes, en supposant l'encaisse vidée par des demandes de remboursement, la Banque se trouve à ce moment créancière du public par les billets escomptés qu'elle a dans son portefeuille pour une somme égale à celle dont elle s'est rendue débitrice par ses émissions de billets fiduciaires. Le billet de banque n'est remboursable, en général, chez nous, que dans la proportion de 1 sur 3, puisque l'encaisse est ordinairement du tiers de la circulation, c'est-à-dire qu'il n'est remboursable qu'à la condition que l'on n'en demandera pas le remboursement; mais il est toujours convertible dans un délai de trois ou six mois. Il a une issue assurée par l'échéance du billet commercial qu'il a servi à escompter.

En France, quand le cours forcé n'existe pas, bien entendu, cette proportion entre l'émission et l'encaisse est laissée à la sagesse de ceux qui dirigent l'établissement.

La Banque d'Angleterre, au contraire, émet du papier à découvert jusqu'à concurrence de 14 millions de livres sterling, chiffre de son capital qu'elle a livré à l'Etat; mais, au-dessus de ce chiffre, chaque billet lancé dans la circulation doit avoir sa contre-partie métallique. En Belgique, c'est un arrêté royal qui détermine, selon les circonstances, la proportion à conserver entre le numéraire et les engagements à vue.

Le danger que présente une banque d'émission, si elle arrête ses affaires et si le numéraire lui fait défaut, en présence des exigences d'un public méfiant, c'est d'être obligée d'obtenir de ce public, porteur de ses billets, un atermoiement à trois ou à six mois; l'atermoiement obtenu, la liquidation doit théoriquement se faire tout naturellement, et sans un centime de perte. Mais ce danger est d'autant plus grand que la banque est plus importante, et le péril est même immense s'il s'agit d'une banque unique jouissant d'un monopole et centralisant, pour ainsi dire, toutes les opérations commerciales. Dans ce dernier cas, pour obtenir d'un pays tout entier un atermoiement de trois ou six mois, il faudrait que, dans toutes les transactions particulières, un même délai fût accordé, et comme une telle concession apporterait un trouble considérable, et qu'une suspension d'émission entraînerait une catastrophe, il est nécessaire de recourir à ce qu'on appelle le cours forcé.

L'énumération des outils d'une banque d'émission, que nous avons indiquée, doit être nécessairement, surtout s'il s'agit d'une grande banque revêtue d'un monopole, complétée par l'addition d'un certain décret préparé d'avance. Ce décret, tenu en réserve pour être présenté au ministre des finances en temps opportun, c'est-à-dire au moment où les billets reviennent tous à la fois au remboursement, prescrit le cours forcé. Il autorise la banque à refuser le payement de ses billets et à continuer à en émettre. C'est ce qui est arrivé en France en 1848 et en 1870 [1]. C'est un état de choses à peu près permanent dans d'autres pays. L'avantage du cours forcé est d'abord d'éviter la faillite en permettant à la banque de continuer à escompter et, partant, en permettant aussi au commerce la continuation de ses opérations; mais cette mesure a en outre l'avantage, au point de vue de la banque d'émission, de donner à cet établissement le temps de régulariser ses affaires, au cas où une liquidation serait inévitable. Ajoutons enfin, et c'est un point sur lequel nous reviendrons, que le cours forcé a ce mérite ou plutôt, à nos yeux, cet inconvénient de procurer au gouvernement, qui concède cette immense faveur, la possibilité de demander en retour des complaisances, c'est-à-dire des prêts que les contribuables sont obligés de rembourser ultérieurement.

On confond trop souvent dans le public ces mots cours légal et cours forcé. Cette dernière expression veut dire que la banque qui a émis le billet a le droit d'en refuser le remboursement en métal; la première de ces deux expressions, au contraire, — cours légal — (en anglais *legal tender* et en allemand *wahrung*), veut dire que les particuliers entre eux doivent accepter en payement les billets de banque. Pierre a vendu à Paul une maison 100,000 francs. Rien n'a été stipulé dans le contrat. Paul offre cent billets de banque de 1,000 francs qui n'ont pas cours légal; Pierre a le droit de les refuser et d'exiger la somme en or ou en argent indistinctement, quand ces deux métaux ont seuls cours légal.

Le cours légal est indépendant du cours forcé, mais le cours forcé entraîne infailliblement le cours légal. Autrement trop grande serait la dépréciation des billets, dont on ne pourrait pas obtenir le remboursement par la banque, et qui pourraient être refusés dans les payements.

Le billet qui a cours forcé a même un cours légal tellement étendu

1. La loi du 3 août 1875 a décidé que le cours forcé, concédé à la Banque de France le 12 août 1870, cesserait d'exister lorsque la dette de l'Etat serait inférieure à 300 millions. Ce chiffre a été atteint le 31 décembre 1877.

que l'on ne peut s'y soustraire d'aucune façon [1]. Ainsi, les baux dont le payement est stipulé en argent, en prévision d'événements à venir, ne constituent pas une précaution utile, attendu que le cours forcé est toujours décrété nonobstant des conditions contraires. On ne saurait davantage échapper aux effets du cours forcé en stipulant des payements en nature, car, à moins de consommer tous les produits de la ferme louée, il faut porter les denrées au marché et les échanger contre des billets que l'on ne peut refuser.

Tout le monde répète que la convertibilité constante du billet de banque est indispensable; on ne s'entend pas bien certainement sur le sens de ce mot convertibilité. Veut-on dire que la certitude de transformer chaque billet en espèces métalliques doit toujours exister? Mais avec une telle prétention, il n'y a plus de monnaie fiduciaire; on détruit la fiction qui est la base même du mécanisme de cette valeur factice, car cette faculté de transformation, même quand le cours forcé n'est pas décrété, n'existe pas absolument. La signification qu'il faut attacher à cette expression, c'est la possibilité d'obtenir un remboursement en espèces métalliques si la fantaisie n'en prend qu'à quelques porteurs seulement, soit en général un sur trois, et c'est par cette sorte de convertibilité conventionnelle, vraiment imaginaire, que le billet de banque est maintenu au pair.

Une banque d'émission possède un moyen de retirer ses billets des mains du public, en trois ou six mois, selon les échéances des effets.

---

1. La Cour de cassation a, en 1873, cassé un arrêt de la cour de Douai par les motifs suivants :

« La loi du 12 août 1870, qui décrète le cours forcé des billets de la Banque de France, est une loi de police et de sûreté publique à laquelle il ne peut être dérogé. En conséquence, est nulle et non obligatoire la clause de tout acte portant que les payements seront faits en bonnes espèces de monnaie d'or et d'argent et non autrement. »

En 1872, la Cour de cassation, à la date du 12 juin, avait déjà rendu un arrêt relatif aux stipulations antérieures à la loi du 12 août 1870. Le sommaire de cet arrêt est ainsi conçu :

La convention par laquelle un débiteur s'engage à payer ou à rembourser une certaine somme en espèces d'or et d'argent, nonobstant toutes lois ultérieures qui donneraient cours forcé aux billets de la Banque de France, est-elle juridiquement obligatoire? Spécialement, une pareille stipulation, intervenue avant la loi du 12 août 1870, doit-elle aujourd'hui recevoir son exécution, comme n'étant pas contraire à l'ordre public et n'étant pas prohibée par l'article 6 du Code civil?

Admission dans le sens de la négative, au rapport de M. le conseiller Dagallier, et conformément aux conclusions de M. l'avocat général Babinet.

du portefeuille; ce moyen c'est la fermeture de son guichet d'escompte; mais la mesure est grave et elle est une cause de perturbation pour le marché. Un refus complet d'escompte équivaut, comme nous l'avons dit, à une déclaration de faillite; aussi, sans fermer complètement son guichet, une banque d'émission peut l'entre-bailler; c'est-à-dire que, sans refuser absolument de prêter, elle peut, en rendant les conditions plus dures, diminuer le nombre des emprunteurs et c'est à cela qu'elle arrive en haussant le taux de son escompte. On présume que si l'intérêt qu'elle exige est plus élevé, le public demandra moins à faire escompter les effets commerciaux, que si, au contraire, l'intérêt est bas, l'affluence des demandeurs d'escompte sera plus considérable.

La hausse et la baisse du taux de l'escompte sont des expédients en sens contraire; l'un est considéré comme tendant à diminuer la circulation des billets et l'autre comme tendant à l'augmenter. Il importe de bien remarquer que la hausse du taux de l'escompte est sans effet pour les billets déjà émis et n'a d'influence que pour l'avenir. Elle empêche le découvert de s'augmenter, et, comme d'un autre côté, chaque jour, le découvert est atténué par les échéances successives des effets déposés dans le portefeuille, le danger que redoutait la banque doit nécessairement diminuer par ce double fonctionnement. Néanmoins, l'effet de la mesure, si elle n'a pas été prise longtemps d'avance, peut ne se faire sentir que trop tard.

Quand on veut fonder une maison de banque dans les conditions ordinaires, la première question dont on se préoccupe, c'est de la question du capital. Comme on a pu le remarquer, nous n'avons fait figurer qu'accessoirement cet outil dans la description d'une banque d'émission; c'est qu'en effet, pour une fabrique de billets de banque, le capital est presque inutile, elle peut travailler sans argent. Qu'elle possède les sommes nécessaires pour ses frais d'installation, pour l'acquisition de sa presse à imprimer, de son coffre-fort dit encaisse, et de son portefeuille, et elle pourra faire ses opérations. Si elle réunit plus de fonds qu'il n'est nécessaire pour ces diverses dépenses, le capital qu'elle se constitue ainsi est un véritable objet de luxe. Lorsqu'elle le met dans ses affaires, elle n'est plus banque d'émission pour les opérations commerciales auxquelles elle le consacre. En escomptant des effets de commerce avec cette monnaie métallique apportée par des actionnaires, elle fait l'œuvre d'un banquier ordinaire; aussi, en général, le capital d'une banque d'émission est-il employé en dehors de ses opérations commerciales. La Banque de France a placé son capital en rentes sur l'Etat. La Banque d'Angleterre a donné son capital à l'Etat, ce qui est un placement à peu près analogue à celui qu'a fait la Banque de France.

Le capital, que nous avons appelé un objet de luxe, peut être néanmoins, à un certain moment, un objet utile. Ainsi les effets commerciaux peuvent ne pas être payés à l'échéance, et la banque doit alors verser dans son encaisse les écus que n'a pas apportés le signataire du billet impayé; mais un examen sérieux avant l'admission à l'escompte est encore une garantie plus sûre que celle procurée par le capital.

Les billets escomptés sont soumis, tant à la Banque de France que dans les succursales, au contrôle d'un comité composé d'hommes expérimentés et connaissant la valeur de tous les commerçants ou industriels de la localité. Néanmoins des erreurs peuvent être commises et il est notamment permis de redouter l'introduction à la banque du papier de circulation.

Tous les effets de commerce qui composent le portefeuille d'une banque d'émission peuvent ne pas représenter des marchandises. Il en est quelques-uns qui ne sont que du papier de complaisance ou papier de circulation. Sans doute, les banques se défendent contre l'admission à l'escompte de ce papier que les Anglais appellent *kite* ou cerf-volant, mais la distinction à faire entre les effets de commerce ayant une cause réelle, et ceux qui sont simulés et qui n'ont d'autre but que de procurer de l'argent à leur signataire, n'est pas facile. Ces lettres de change ont toutes les apparences de la sincérité. Ainsi, Pierre, de Paris, tire une lettre de change sur Paul, de Lyon, et, en la faisant escompter à la Banque de Paris, il s'en procure immédiatement le montant en argent. Paul, de Lyon, qui n'a reçu aucune provision, argent ou marchandise, accepte à la condition qu'avant l'expiration de deux mois, il tirera sur Pierre, de Paris, une autre lettre de change qu'il fera escompter à la banque de Lyon et avec le montant de laquelle il payera la première lettre tirée sur lui. Ces deux négociants peuvent continuer ainsi fort longtemps ces opérations sans que leur expédient soit découvert, mais c'est une manière fort chère de se procurer de l'argent, car la lettre de change revenant toujours sur Pierre, de Paris, est chargée de l'intérêt et de la commission accumulés de toutes les lettres précédentes. Les banques d'émission qui émettent des billets fiduciaires sur du papier de circulation se trouvent à découvert ; car, si, en réalité, chacune des lettres est payée à son échéance, ce n'est que parce qu'une nouvelle lettre est créée et escomptée, en sorte que ces payements aux échéances sont complètement illusoires ; ce sont des emprunts qui ne se soldent qu'au moyen d'autres emprunts. Le papier de circulation est une lettre de change tirée par un faux créancier sur un faux débiteur.

De même, des pertes peuvent encore résulter d'un autre genre de prêt que font certaines banques d'émission : nous voulons parler des prêts sur titres. Il est des fabriques de monnaie fiduciaire qui, non seulement escomptent les effets de commerce, mais encore prêtent sur dépôt de valeurs mobilières, telles que des rentes, des obligations ou actions industrielles. La garantie du billet émis à l'occasion de cette opération, au lieu d'être un engagement commercial, une promesse de payer à court terme, est une créance portant intérêt. Cette dissemblance dans le gage déposé constitue une différence avec l'escompte, de la valeur commerciale ; aussi a-t-on beaucoup contesté à la Banque de France ce genre d'opérations. On prétend que les prêts de cette nature détournent l'escompte de son véritable but qui est le commerce et qu'ils encouragent les spéculations de bourse.

Il est certain que l'escompte des valeurs mobilières, car on s'est quelquefois servi de cette expression, doit amener, plus souvent que l'escompte des effets commerciaux, des renouvellements et des exécutions à la Bourse. Celui qui emprunte sur titres peut être un joueur, tandis que celui qui emprunte sur un effet de commerce doit être vraisemblablement un négociant faisant une opération normale.

C'est pour faire face à ces diverses éventualités fâcheuses, qu'un capital métallique est utile ; mais si on conçoit théoriquement une banque d'émission, et si on suppose qu'elle ne fait jamais de mauvaises affaires, son roulement d'escompte peut s'opérer jusqu'à concurrence de sommes très considérables sans qu'un centime de capital soit nécessaire.

Nous avons indiqué quelle était la source qui alimentait l'encaisse et quel était le canal par lequel s'écoulaient les espèces métalliques. Nous avons dit que les signataires des billets escomptés, quand ils ne payaient pas en billets de banque, soldaient leur créance en pièces de monnaie qui allaient attendre dans l'encaisse que les porteurs des billets de banque vinssent réclamer le remboursement. Un autre mode d'alimentation métallique de l'encaisse existe. Il est d'autant plus nécessaire de l'expliquer qu'il est souvent une cause d'erreur.

Les banques d'émission, en général, se chargent pour le compte des particuliers de recouvrer des effets qui leur sont remis, ou de payer, moyennant provision, les dispositions prises à leur domicile. En d'autres termes, elles ouvrent des comptes courants, et cela ordinairement sans servir d'intérêt pour les fonds déposés chez elles. Tel client, par exemple, qui a un compte courant donne un effet de commerce de 10,000 francs à toucher. Si cette somme ne lui est pas nécessaire immédiatement, il la laisse en dépôt, mais il est crédité d'une égale somme à son compte. Il peut d'un instant à l'autre se présenter et réclamer cet argent ou bien prendre des engagements réalisables à la Banque. Que cet argent provienne, comme dans le cas précédent, d'un billet touché par l'établissement au nom de son client ou d'un versement direct fait par ce client avec mission de payer des dispositions ultérieures faites sur l'établissement, il va toujours se confondre dans l'encaisse avec la monnaie métallique affectée au payement des billets de banque. Aussi quand parlant de l'état de l'encaisse de la Banque de France ou de toute autre fabrique de monnaie de papier analogue, on veut en comparer le montant avec le chiffre de la circulation fiduciaire, il importe de commencer par déduire le montant des comptes courants. Si nous supposons dans l'encaisse 400 millions d'argent monnayé, dont 100 millions de comptes courants, et si nous admettons dans la circulation 900 millions de papier fiduciaire, ces 900 millions n'auront pour garantie que 300 millions, parce qu'il est indispensable de soustraire du total de l'encaisse le chiffre des comptes courants. Si l'on mettait en regard l'encaisse totale et les billets fiduciaires, on commettrait une erreur aussi grave que si, pour se rendre compte de la situation d'un individu, on mettait en regard d'un côté ses dettes et de l'autre son avoir ainsi que l'avoir de son voisin; mais si même on comparait l'encaisse dans sa totalité (1° argent provenant des échéances de portefeuille ; 2° argent provenant des comptes courants) avec l'ensemble des engagements à vue (1° billets et 2° comptes courants), on se tromperait encore. Par exemple, 400 millions d'espèces métalliques comparés à 1 milliard d'engagements à vue dont 900 millions de billets et 100 millions de comptes courants permettraient de dire, si on ne faisait pas une distinction, que puisque la Banque doit un milliard et qu'elle a 400 millions d'espèces, son papier fiduciaire est garanti dans la proportion de 1 sur 2 1/2, et cependant il serait garanti en réalité seulement dans la proportion de 1 sur 3. En effet, les comptes courants de cette sorte ne doivent pas être garantis dans une proportion quelconque, ils doivent être garantis dans leur totalité. Telle est la différence essentielle qui existe entre l'engagement dit compte courant, tel qu'il existe à la Banque de France, et l'engagement dit billet de banque. L'argent déposé provisoirement par un client ou touché au nom de ce client n'est pas de l'argent prêté à l'établissement, c'est de l'argent abrité sous un toit protecteur, et le déposant ne cesse pas un instant d'être propriétaire de la somme qui demeure un corps certain; aussi une banque d'émission, quand elle ne sert pas d'intérêt à ses déposants, ne peut ni effectivement ni par la pensée attribuer le produit de ses dépôts à aucun de ses billets. Cette distinction, qui peut paraître subtile et surtout théorique, est cependant parfaitement pratique. Elle sert à bien établir la différence qu'il y a entre une banque d'émission et une banque de dépôt. Les banques de cette seconde catégorie payent un intérêt à leurs déposants. Elles ont dès lors le droit d'opérer avec l'argent qui leur est confié, et il faut même, sous peine de se ruiner, que cet argent leur rapporte un intérêt plus élevé que celui donné au titulaire du dépôt. De très bons esprits prétendent que les banques de dépôt sont plus exposées à des catastrophes que les banques d'émission. En tous cas, il est incontestable que les banques qui sont tout à la fois banques d'émission et banques de dépôt à intérêt doublent le danger; aussi n'est-il pas superflu de bien faire remarquer que les banques d'émission qui, comme la Banque de France, reçoivent des dépôts sans intérêt, détiennent un argent dont elles n'ont jamais le droit de disposer.

Pour savoir ce qu'une banque a émis de billets à découvert, il faut donc déduire de son encaisse le montant des comptes courants. Si, cette déduction étant faite, il reste, par exemple, 300 millions de monnaie métallique et qu'il y ait 900 millions de billets sur le marché, la monnaie fiduciaire sera seulement de 600 millions. C'est encore là une autre distinction qu'il importe de ne pas perdre de vue. Un billet est remboursable ou il ne l'est pas. Au cas d'une demande instantanée de tous les porteurs, on ne ferait pas entre eux une répartition de tant pour cent; soit en admettant les chiffres ci-dessus, on ne donnerait pas 300 francs pour un billet de 1,000 francs. Dans l'hypothèse admise, et en supposant que le cours forcé ne fût pas décrété,

on payerait les porteurs des 300 premiers millions de billets qui viendraient au guichet, et on dirait aux porteurs des 600 autres millions :
Attendez l'échéance du portefeuille. Par conséquent, les 300 millions
de billets ayant leur contre-partie or ou argent n'étaient pas de la
monnaie fiduciaire, ils étaient les représentants d'une somme métallique à la place de laquelle ils circulaient. Les 600 millions de billets qu'il est impossible de payer étaient seuls de la monnaie fiduciaire dans la véritable acception du mot.

Il y a donc deux sortes de billets de banque. D'abord ceux qui correspondent à des pièces métalliques déposées dans l'encaisse, et
ensuite ceux qui n'ont comme contre-partie qu'un effet commercial
à échéance plus ou moins éloignée, déposé dans le portefeuille ; les
uns sont une délégation sur l'encaisse, les autres une délégation sur
le portefeuille. Mais un détenteur ne peut jamais savoir à laquelle des
deux catégories appartient le billet qu'il a entre les mains ; c'est
une question d'opportunité dans la demande de remboursement.

II

SON MODE D'ÉMISSION

Les partisans de la monnaie fiduciaire sont loin d'être d'accord sur
la manière dont cette monnaie doit être émise. Les uns croient que
e droit de la fabriquer doit être l'objet d'un monopole exclusif concédé à un seul établissement pour un pays tout entier ; d'autres
estiment au contraire que le régime de la liberté est celui qu'il faut
préférer. Cette diversité dans les opinions provient probablement, sans
que l'on s'en rende compte, d'une diversité dans l'appréciation des
bienfaits de cet instrument de circulation. Ce qui est certain, c'est
que cette question du meilleur mode à adopter pour la fabrication
des billets fiduciaires a été vivement débattue. Elle a été examinée
par des autorités après lesquelles il pourrait paraître téméraire de
venir prendre la parole ; mais nous ne voulons qu'exposer succinctement
les deux systèmes derrière chacun desquels on trouve un nombre à peu
près égal de défenseurs. Nous nous acquitterons de cette tâche avec
d'autant plus d'impartialité que l'adoption de l'un ou de l'autre des deux
modes d'émission qui sont en présence — monopole ou liberté —

nous paraît avoir des conséquences à peu près également regrettables.

C'est ailleurs que se trouve, selon nous, le remède aux inconvénients du système de circulation actuellement pratiqué en France.

A. POUR LA LIBERTÉ

Le droit d'émission, dit-on, reconnu à tous les banquiers, moyennant, bien entendu, l'observation de certaines conditions, est le seul moyen de multiplier les établissements de crédit. La faculté d'émettre des billets de banque est une source précieuse de gain dont il importe de tirer parti. Si, par exemple, un banquier recueille, dans une localité, des souscriptions pour former son capital, jusqu'à concurrence de un million, il pourra, — en adoptant la différence du simple au triple entre l'encaisse et la circulation, — émettre immédiatement trois millions de billets de banque avec lesquels il escomptera des effets de commerce. Selon M. Bagehot, le regretté directeur du journal l'*Economist*, le système de banque, c'est-à-dire, l'organisation par laquelle l'argent des classes qui épargnent est transmis aux classes industrielles, est presque la seule organisation économique en France qui semble à un Anglais tout à fait inférieure à ce qu'il voit dans son pays. Nous avons, en effet, non pas un progrès à faire à cet égard, mais une véritable révolution à opérer. De l'autre côté de la Manche, nul ne thésaurise. Chaque citoyen — si peu riche qu'il soit — a son banquier chez lequel ses fonds sont déposés. Un tel résultat ne peut, selon les partisans du système de la liberté, être atteint dans un pays où l'émission fiduciaire est l'objet d'un monopole. En effet, disent-ils, ce monopole, au profit d'un seul établissement qui ne saurait se faire représenter partout, est un obstacle à l'installation de petites maisons de banque dans des localités où on ne pourrait recueillir des bénéfices qu'à la condition de jouir de l'avantage d'émettre des billets.

En Ecosse, il y a sept cents comptoirs émanant de douze banques. Les dépôts s'élèvent à 60 millions de livres sterling pour une population de trois millions d'habitants, et il y a à peu près un établissement de crédit[1] pour 4,500 habitants.

---

1. Dans l'île de Jersey, il y a 73 banques pour 55,000 habitants, soit une pour 740 habitants

2

Il paraît que lorsque le système des banques écossaises fut introduit dans le nord de la Grande-Bretagne, ce pays était le plus pauvre de l'Europe. Le sol, par suite du manque de crédit, était stérile. Il a fallu cent cinquante ans à peine pour opérer une transformation complète due presque uniquement à un régime libéral qui a permis l'établissement de très nombreuses fabriques de billets fiduciaires. Indépendamment de l'avantage de multiplier les banques, la liberté d'émission a encore, aux yeux d'un certain nombre de personnes, le très précieux mérite de constituer une circulation fiduciaire mieux appuyée sur des contre-valeurs métalliques. La proportion, sous un régime de liberté, entre l'émission et l'encaisse est nécessairement plus restreinte. L'encaisse, au lieu d'être égale au tiers des engagements à vue, comme lorsqu'il s'agit d'une vaste banque revêtue d'un monopole, est la plupart du temps égale à la moitié. Il en résulte donc une accumulation plus considérable d'espèces métalliques; quand une crise survient et qu'il faut faire des remises à l'étranger, le commerce trouve à sa disposition un plus grand nombre de caisses approvisionnées. Dans une telle occurrence, il n'est pas obligé, comme aujourd'hui en France, de s'adresser exclusivement à la même banque d'émission dans laquelle on fait un vide qui réagit sur le taux de l'escompte, non-seulement de cet établissement, mais du pays tout entier.

Des banques libres, soumises à la concurrence, devraient avoir aussi des fonds sociaux plus élevés que le capital d'une grande banque unique pourvue d'un monopole. Cet avantage, réuni à celui que procurerait une encaisse égale à la moitié des billets, constituerait une circulation fiduciaire dans de meilleures conditions de solidité. Les effets commerciaux se trouvant répartis entre un grand nombre d'établissements — s'ils venaient à être impayés — seraient plus facilement compensés par des prélèvements sur le capital de chaque banque. La monnaie de papier offrirait, par conséquent, aux porteurs plus de garanties, comme aurait plus de garanties un particulier qui répartirait trois cent mille francs entre trois maisons de banque ayant chacune un million de capital, que s'il confiait cette même somme de trois cent mille francs à une seule maison au capital de deux millions.

Par suite de l'immense monopole dont elle est investie, la Banque de France, comme au reste toute banque dans des conditions identiques, est érigée en régulateur général du taux de l'escompte, et cependant il doit arriver souvent que le stock métallique de cet établissement baisse ou augmente à Paris ou dans les succursales et entraîne comme contre-coup une hausse ou une baisse du taux de l'intérêt dans toute la France, sans que certaines parties du territoire soient dans des conditions commerciales de nature à justifier ces variations. La rareté du numéraire dans l'encaisse d'une banque n'implique pas la rareté du numéraire dans le pays entier. Ainsi, pendant que la banque, en 1864, demandait 7 et 8 pour cent au commerce et à l'industrie, l'Etat empruntait à 4,75 et les bons du Trésor rapportaient 4 pour cent d'intérêt.

Il doit y avoir dans le prix de l'argent des écarts sensibles sur les différentes places de commerce d'un même pays, et ce n'est que par la libre concurrence que l'on peut assurer le bon marché de l'argent et établir un cours conforme aux besoins réels. Le monopole du billet de banque a pour conséquence le monopole de l'escompte. Aucune maison ne peut lutter contre un établissement qui escompte avec de l'argent ne coûtant rien à acquérir. Toutes les banques se mettent dans la dépendance de cet établissement unique et la troisième signature est toujours donnée par elles.

Sans doute, à certains moments, il y aura similitude entre le taux de l'intérêt d'une grande banque jouissant exclusivement du monopole de l'émission et le taux de l'intérêt dans le pays tout entier; mais il suffit que le contraire se présente quelquefois pour que l'on redoute les conséquences d'un pareil état de choses.

Un grand établissement, revêtu d'une autorité quasi officielle, a la prétention, il est vrai, non-seulement de refléter l'état présent du marché monétaire, mais aussi d'indiquer au commerce ce qu'il doit faire et quand il doit étendre ou restreindre ses opérations. N'y a-t-il pas, font remarquer les partisans du système de la liberté, dans cette attribution officieuse, un nouveau danger? Ces avertissements ont-ils empêché, en France, des crises de se produire? Evidemment non, et même d'aucuns prétendent qu'ils en ont fait naître.

Vouloir régenter le commerce, c'est la même chose que prétendre régenter l'agriculture. Que dirait-on d'une institution agricole spéculant sur les produits de la terre, qui aurait pour mission, en se fondant sur le calcul de ses propres bénéfices, d'indiquer aux cultivateurs la marche qu'ils doivent suivre dans leurs exploitations? Il est vrai qu'une telle proposition ne serait pas unanimement repoussée. Nous avons en France un amour excessif de la tutelle administrative,

c'est un reste des tendances qui existaient avant 1789 [1]. Comment peut-on admettre que des avertissements soient adressés aux industriels pour qu'ils fabriquent en plus ou moins grande quantité, ou aux commerçants pour qu'ils entreprennent plus ou moins d'opérations à longs termes ?

L'intérêt de chacun répond de sa bonne volonté, et un grand établissement financier, quelque étendue que soit sa puissance, ne peut espérer réellement empêcher des crises en indiquant au public, par la hausse ou la baisse de son escompte, le temps à venir. Il n'est pas de conseil d'administration ou de régence qui puisse avoir constamment le doigt sur le pouls de la circulation, et sentir, selon les battements, s'il y aura appauvrissement ou pléthore.

Sans être fataliste, à beaucoup près, on peut dire qu'il est des événements dont on ne saurait empêcher l'apparition, et ce ne serait pas soutenir une utopie que d'avancer qu'il est des crises nécessaires et salutaires. Dans le commerce, il y a des situations qui ne peuvent se résoudre que par une liquidation, et, cette opération faite, l'horizon redevient serein comme le ciel après un orage. Si jamais l'axiome : « laissez faire, laissez passer, » a pu être justement appliqué, c'est bien à l'occasion de ces évolutions, qui s'opèrent dans les échanges internationaux et dans le commerce intérieur.

Cette attribution de la prédiction du temps, que l'on croit être l'un des apanages les plus précieux d'un établissement monopoleur, et que l'on fait valoir comme un des nombreux services rendus au public, est difficile à justifier. D'abord, sur quels indices une banque unique d'émission établira-t-elle ses observations ? Et ensuite les mesures qu'elle prendra pourront-elles avoir une efficacité réelle ?

Sur le premier point, nous n'hésitons pas à dire que si c'est en examinant l'état de son encaisse qu'une banque unique croit pouvoir se rendre compte de la situation vraie du marché, elle est, en bien des circonstances, exposée à se tromper. Ce n'est pas davantage le

---

1. On trouve des arrêts du conseil du siècle dernier qui prohibent certaines cultures dans des terres déterminées ou qui proscrivent d'arracher des vignes paraissant mal exposées. Ce besoin de protection gouvernementale est bien démontré par l'extrait suivant d'une lettre adressée à un intendant et citée par Tocqueville. Cette lettre semble écrite d'hier. « Pourquoi, dit le correspondant, le Gouvernement ne nomme-t-il pas des inspecteurs qui iraient une fois par an dans les provinces voir l'état des cultures, enseigneraient aux cultivateurs à les changer, leur diraient ce qu'il faut faire des bestiaux, la façon de les mettre à l'engrais, de les élever, de les vendre et où il faut les mener au marché.

prix de l'argent de certaines banques étrangères qu'une banque revêtue d'un monopole doit consulter. Ainsi, on a vu la Banque de France maintenir le taux de son intérêt à 2 et même 3 pour 100 au-dessous du taux des pays étrangers, et cependant, malgré cet écart, notre monnaie métallique n'émigrait pas là où elle semblait mieux rémunérée. C'est qu'en effet, le seul indice du flux et reflux de la monnaie d'un pays dans un pays voisin, c'est l'état du change. Les pays ont entre eux des dettes comme les particuliers. La quantité plus ou moins grande des lettres de change tirées d'un pays sur un autre est l'expression de l'état des dettes. Si tous les pays qui sont en relations commerciales les uns avec les autres importaient et exportaient mutuellement une égale quantité de marchandises, le change serait au pair sur toutes les places; mais ces importations et ces exportations réciproques sont loin d'être toujours équivalentes. Le taux du change indique de quel côté penche la balance. Le pays qui a le plus acheté est celui qui doit le plus s'appauvrir de numé-raire. Aussi le prix des lettres de change devrait-il être le seul régu-lateur du taux de l'argent en général. La cote du change donne de plus sûrs avertissements qu'un conseil de régence, quoique composé des hommes les plus considérables.

En ce qui concerne la seconde prétention d'un grand monopoleur, c'est-à-dire l'efficacité des variations du taux de son escompte par rapport à l'approvisionnement métallique, on pourrait faire une réponse non moins péremptoire.

La hausse du taux de l'escompte ne peut redresser le cours du change, c'est-à-dire le rendre favorable, de défavorable qu'il était ? Le pays qui a des dettes à acquitter ne doit-il pas toujours les acquitter? Oui certainement, s'empressent de répondre les défenseurs du mono-pole; mais le payement une fois fait, il faut faire revenir l'argent exporté et éviter le retour d'une pareille situation. La hausse du prix de l'argent sur le marché intérieur fait assurément que l'on achète moins; en produisant un renchérissement de l'argent, cette hausse diminue les opérations commerciales. Le nombre des acheteurs étant plus restreint, les marchandises qui ont été fabriquées en une cer-taine quantité, en vue d'un grand débit, se trouvent être plus offertes que demandées; elles baissent de prix jusqu'au point où le bon mar-ché attirant la spéculation, les capitaux reviennent. Il se fait alors une exportation de marchandises qui a pour corrélation une impor-tation de numéraire. En d'autres termes, la hausse de l'escompte produit une liquidation forcée qui ramène le numéraire à l'intérieur et modifie l'état du change. La liquidation est le rétablissement du cours normal au moyen d'un sacrifice. Tout ce qui facilite les achats tend à faire hausser les prix. Tout ce qui les rend plus difficiles tend à faire baisser les prix. Il est certain que lorsque les prix sont très élevés dans un pays, l'or et l'argent n'y vont pas acheter, parce que l'or et l'argent ont la prétention d'avoir le plus de marchandises possibles en échange de la moindre quantité possible de leur poids. Mais ne sont-ce pas là des faits dans la réglementation desquels on ne saurait intervenir, et pour que les liquidations se produisent, est-il nécessaire de l'intervention d'une banque chargée de donner des avertissements ?

Nul ne connaît si bien où il doit aller que l'argent ; et n'est-ce pas une prétention bien vaine que de vouloir lui tracer des chemins factices, le retenir ou le chasser en indiquant aux fabricants s'ils doivent étendre ou restreindre leur production et aux commerçants s'ils doivent acheter ou vendre. Les commerçants et les fabricants sont des gens majeurs. Ils n'ont pas besoin des décisions du conseil de régence d'une banque pour savoir comment ils doivent procéder. Tous ces mouvements de hausse et de baisse dans le prix des choses se produiraient naturellement sans le concours bienveillant d'une autorité supérieure qui peut se tromper et dont les erreurs ont des conséquences fatales.

On a bien de la peine à comprendre les mouvements commerciaux au moment où ils se produisent ; il doit être encore plus difficile de les prévoir et de les diriger. Ainsi, au mois de mars 1869, manquant de blé, on faisait des importations considérables de cette denrée. Ces acquisitions étaient soldées avec du métal, car nous exportons peu de produits en Hongrie et dans la Russie méridionale, et cependant la monnaie était en France plus abondante que jamais. Le payement de notre rançon à la Prusse, suivi d'une pléthore de capitaux en France, est encore un fait bien curieux, facile à constater, plus difficile à expliquer, et, dans tous les cas, impossible à prévoir.

Les faits qui motivent ces fluctuations de numéraire sont tellement nombreux, souvent si imperceptibles et parfois si inopinés, qu'il est non-seulement impossible de les pressentir, mais même de les voir au moment où ils s'accomplissent. On peut tout au plus écrire plus tard leur histoire.

On est effrayé de la responsabilité qu'assume sur elle une banque unique qui croit avoir la capacité de tout voir, tout comprendre et tout décider.

Une crise est un défaut d'harmonie entre le crédit et le comptant. La seule manière d'éviter ce manque d'équilibre, c'est de ne faire le commerce qu'au comptant; mais du moment que l'on veut que la production prenne de l'extension, il faut s'attendre à ces sortes d'états pléthoriques qui sont des accidents inévitables.

Si encore les attaques auxquelles donnent lieu les grandes institutions qui ont le monopole de l'institution fiduciaire étaient seulement dirigées contre ces établissements, on pourrait, tout en les regrettant, ne les redouter que médiocrement ; mais en général l'État qui accorde le monople est considéré comme responsable du mal ou du prétendu mal amené par son concessionnaire. On s'imagine même involontairement que l'Etat est pour quelque chose dans ces variations du taux de l'intérêt, et une part lui revient dans les griefs que formule le public. Très nombreuses et très indépendantes de lui sont cependant les circonstances qui font renchérir le prix de l'argent.

L'avantage de la liberté d'émission et de la suppression de ces grands établissements monopoleurs quasi officiels, c'est non-seulement d'éviter les condescendances inévitables et dangereuses de ces établissements pour le Gouvernement, mais encore de supprimer une intervention même apparente de l'Etat dans les événements commerciaux.

C'est en vain que l'on prétend que l'émission n'est pas un acte de commerce, qu'elle est un droit régalien comme le droit de battre monnaie, et que dès lors l'Etat est maître de déléguer à qui bon lui semble le pouvoir qui lui appartient. Disons tout de suite que cet argument est en complète contradiction avec les principes de notre droit public moderne. Un droit régalien, c'est simplement un pouvoir délégué, dans l'intérêt général, à celui qui gouverne. On comprend que l'intérêt général puisse être invoqué quand il s'agit de la fabrication de la monnaie métallique et que cette fabrication soit confiée à l'Etat qui fait exécuter ce travail sous sa direction et sous sa responsabilité. Il y a dans la confection d'une pièce de monnaie une opération mécanique qui doit être exécutée avec précision et pour laquelle une garantie supérieure est utile. Rien de semblable n'existe pour le billet de banque. Ce qui fait sa valeur, ce n'est pas la manière dont il est imprimé, c'est la confiance qu'a celui qui le détient dans la sagesse de l'établissement qui l'a émis. Il n'est pas inexact de dire que c'est le public qui détermine la valeur des billets.

La liberté d'émission est une conséquence qui découle directement de la liberté du commerce et de l'industrie, c'est le système qui, théoriquement, donne le plus de satisfaction à l'esprit; c'est aussi celui qui, pratiquement, a produit les meilleurs résultats, ainsi que l'on peut s'en convaincre, si l'on étudie les faits accomplis en Ecosse, en Suisse et aux Etats-Unis. On a souvent cherché dans ce dernier pays des exemples en faveur du monopole. On a fait, des catastrophes survenues aux Etats-Unis, un spectacle capable de calmer les partisans les plus ardents de la liberté, mais on a toujours oublié de signaler un point essentiel, c'est que les événements survenus dans le nouveau monde provenaient plutôt d'un abus des dépôts que d'un abus des émissions.

La pluralité des banques d'émission ne serait pas en France une innovation dont la témérité pourrait justifier les appréhensions que son nom seul fait concevoir. Ce régime qui ne vaut pas encore celui de la liberté absolue, mais qui serait loin du monopole, a été mis en pratique en France et avec succès avant 1848. Il y avait alors dans notre pays neuf banques départementales, à Rouen, Nantes, Lyon, Marseille, etc. Elles ont toutes été réunies après la révolution de Février à la Banque de France. D'autres banques locales, d'une importance plus restreinte, mais émettant des billets fiduciaires de 20 à 100 francs, ont aussi existé à Boulogne et à Calais. On peut citer entre autres, à Dieppe, la *Caisse commerciale*, qui a longtemps fait circuler dans un rayon peu étendu des billets fiduciaires parfaitement acceptés; mais la Banque de France, invoquant son monopole, a mis obstacle à cette fabrication de petits billets, ou du moins elle a exigé que les billets de la *Caisse commerciale* de Dieppe, au lieu d'être remboursables à présentation, portassent la mention « payable à quinze jours de vue et à ordre. » Cette prétention élevée par la Banque de France peut ne pas paraître à tout le monde parfaitement fondée. Les défenseurs de la pluralité font en effet valoir en faveur de leur système cette circonstance favorable au triomphe immédiat de leur cause, que l'on pourrait dès maintenant multiplier les banques d'émission sans empiéter en aucune façon sur le privilège concédé à la Banque de France et sans modifier dans aucune de ses parties le pacte consenti avec elle. Ils estiment que son monopole d'émission est purement local et ils invoquent à l'appui de leur thèse l'article 9 du décret du 18 mai 1808, qui est en effet ainsi conçu : « La Banque de France aura le privilège exclusif d'émettre des billets de banque *dans les villes où elle aura établi des comptoirs*. »

Depuis 1808, ce texte n'a pas été abrogé ni implicitement ni explicitement, en sorte que le monopole de la Banque de France ne saurait être invoqué contre l'application du système de la multiplicité des banques d'émission dans les localités où des succursales n'ont pas été fondées. D'autres personnes, sans s'arrêter à des interprétations plus ou moins subtiles de diverses dispositions législatives, déclarent que le régime de la pluralité est dès à présent applicable, attendu qu'il suffirait, pour réaliser cette idée, de racheter le monopole octroyé.

Répandre le crédit dans les grandes villes, comme le fait la Banque unique, est une œuvre nécessaire, mais il n'est pas moins utile de le faire parvenir dans les campagnes et dans les petites villes où il est aujourd'hui — grâce au monopole. — complètement inconnu ; c'est après tout dans les petites villes et dans les campagnes que réside la majeure partie de la population. L'agriculture est la première de toutes les industries, et une des causes de ses souffrances, c'est l'usure dont elle est la victime. On ne parviendra à éteindre cette plaie que par une large dispensation du crédit produite au moyen de la libre concurrence des banques d'émission.

Toutes les libertés assurément présentent des dangers si l'on ne sait pas les appliquer, mais on peut dire qu'elles ont le mérite en général de guérir les blessures qu'elles font.

B. POUR LE MONOPOLE

Les arguments qui précèdent, en faveur de la liberté d'émission ou de la pluralité des banques, ont tous été, bien entendu, combattus par les partisans du monopole. C'est se tromper, prétendent les défenseurs d'une banque unique, que de considérer la faculté reconnue à tout le monde de fabriquer du papier fiduciaire comme devant faire organiser immédiatement, sur toute la surface du pays, un grand nombre de banques. Si nous n'avons pas plus d'établissements financiers, disent-ils, c'est que le commerce n'est pas encore assez développé, et qu'une banque ne s'établit que là où le nombre des affaires est suffisant pour lui permettre d'exister.

Cette prétendue baisse du taux de l'escompte amenée par la libre concurrence serait possible en temps d'abondance de numéraire, mais elle serait infailliblement suivie d'une réaction contraire en temps de rareté. Pour avoir voulu payer l'escompte du papier commercial meilleur marché à certains moments, on serait assuré de le payer un prix infiniment plus élevé à d'autres moments. En effet, les banques multiples exciteraient d'une manière factice la production commerciale. Pour faire entreprendre des affaires et pour attirer à elles les clients de leurs voisins, elles feraient des sacrifices ou tout au moins se contenteraient de bénéfices extrêmement minimes; puis, lorsque les crises auxquelles elles auraient contribué viendraient à éclater, toutes ces banques restreindraient subitement leurs affaires, et, en cherchant à se procurer des métaux avec une anxiété fiévreuse, rendraient plus immédiate la rareté du numéraire, et, par contre, l'élévation du taux de l'escompte.

Si, écartant cette hypothèse, on admet que les banques libres suivent exactement les errements d'une grande banque unique parfaitement sage et prudente, comme la Banque de France, par exemple, si l'on suppose qu'elles sont aussi sévères que cette banque dans l'admission du papier à l'escompte, on est forcé de convenir qu'elles rendraient exactement les mêmes services qu'un établissement unique avec ses nombreuses succursales. Il y aurait toutefois cette différence qu'un établissement considérable inspirant confiance aura besoin d'un capital infiniment moindre que trois ou quatre cents petits établissements peu ou point connus. Avec le monopole, une quantité moins grande de numéraire serait retirée de la circulation. Ainsi, un établissement unique pourra se contenter de 180 millions, tandis que trois ou quatre cents petites banques auront besoin chacune, pour appuyer leur crédit, de sommes qui, réunies, formeront un total bien supérieur. Elles atteindront donc bien mal leur but, si, créées pour augmenter les instruments de la circulation, elles commencent par en retirer une certaine quantité des mains du public au moyen de souscriptions destinées à former leurs fonds sociaux. Ce retrait serait d'autant plus complet que, ne jouissant pas de l'autorité d'une immense banque privilégiée, elles devraient immobiliser une partie de leur numéraire dans leur encaisse, tandis que la Banque de France peut restituer au public l'or et l'argent apportés dans la souscription de son fonds social, en achetant, par exemple, des rentes sur l'Etat. D'ailleurs, tout le monde reconnaît que l'unité de la monnaie métallique est une nécessité de premier ordre. Tous les gouvernements du monde civilisé cherchent, par de constants efforts, à arriver à ce progrès pour faciliter les échanges de peuple à peuple. En effet, la nécessité pour chaque porteur d'une pièce de monnaie d'en calculer la valeur, et de comparer cette valeur à d'autres pièces, est un obstacle perpétuel, une cause de difficultés, une perte de temps et une source d'erreurs. S'il en est ainsi des pièces métalliques dans les rapports internationaux, pourquoi n'en serait-il pas absolument de même pour le papier fiduciaire dans les rapports des citoyens d'un même pays? Une banque unique, c'est précisément cette unité si désirable, c'est la simplification des échanges, la dispense, pour le public, de savoir si tel billet vaut plus ou moins que tel autre; si telle banque est convenablement administrée, si ses engagements à vue ne sont pas exagérés, si, en un mot, son papier représente des valeurs commerciales bien choisies et offrant des garanties sérieuses de payement à l'échéance. Les partisans de la pluralité des banques s'efforcent de défaire, pour la circulation fiduciaire, ce que l'on cherche à faire pour la circulation monétaire dans le monde. Le billet de banque unique est-il donc déjà assez bien acclimaté dans toutes les parties du territoire pour que l'on cherche à en faire circuler un grand nombre d'origines différentes et diverses! Il est encore des localités où le billet de la Banque de France n'est accepté qu'avec hésitation. Que serait-ce si la faculté d'émission était concédée à un grand nombre d'établissements? On est tellement peu familiarisé avec l'usage du papier fiduciaire que la simple modification de la vignette noire en une vignette bleue pratiquée il y a quelques années, a causé de l'inquiétude et fait refuser plus d'un payement dans certaines bourgades.

Un établissement unique, solide, constitué comme la Banque de France est presque immuable. Les événements l'ont prouvé. De petites maisons de banque ne pourraient toutes avoir cette solidité; il suffirait que l'une d'elles vînt à manquer pour que la peur s'emparant des esprits, toutes les autres fussent en butte à des demandes immédiates de remboursement qui forceraient à fermer les guichets. Sous le régime de la pluralité des banques, il y aurait de fait une solidarité qui pourrait être funeste, et causer même, sans motifs réels, des catastrophes terribles.

Ce qui existe en Ecosse est un exemple mal choisi pour les besoins de la cause de la liberté d'émission. Sans doute, une grande transformation a été opérée dans ce pays, mais il serait téméraire de croire que c'est parce que la pluralité des banques y a fait baisser le taux de l'intérêt. Toutes ces banques, loin de se faire cette concurrence que l'on cite avec tant de complaisance comme devant être la source de tous les bienfaits, sont unies entre elles. Le taux de l'intérêt, dans ce pays, a toujours été uniforme et, en effet, tous les quinze jours, les directeurs se réunissent et arrêtent, d'un commun accord, le prix de l'argent. La concurrence n'existe donc pas. Ces établissements, en Écosse, sont aussi constitués dans des conditions qui sont de nature à garantir contre des excès d'émission. Les associés répondent de leurs opérations sur toute leur fortune et non pas seulement sur leur mise de fonds, et les membres qui sortent de l'association demeurent responsables des engagements contractés pendant la durée de leur administration. Ce sont là des conditions qui ne seraient pas facilement acceptées chez nous; on les considérerait comme un obstacle apporté par une législation qui voudrait tout à la fois donner et supprimer la liberté d'émission.

On ne peut prétendre citer les institutions financières de la Suisse comme des exemples pour un pays aussi étendu que la France. D'ailleurs, en Suisse, c'est à peine si la monnaie fiduciaire existe, car l'encaisse, paraît-il, est presque toujours aussi élevée que l'émission. Le billet de banque helvétique, dans la plupart des cas, n'est donc pas de la monnaie fiduciaire, il est de la monnaie de papier, parce qu'il a sa contre-partie métallique. La liberté d'émission, en Suisse, a presque conduit à la suppression du billet de banque. C'est aussi, en France, le système de la pluralité des banques qui a conduit au système de l'unité. Les théoriciens dont nous réfutons les opinions sont mal inspirés quand ils rappellent ce qui existait chez nous avant 1848. La fusion, opérée à cette époque, a été considérée par tout le monde comme un bienfait, et si jamais réforme a obtenu immédiatement la sanction de l'opinion publique c'est bien celle qui a réuni toutes les banques d'émission en une seule [1].

Le besoin de changement dans notre pays fait que l'on voudrait

1. Voici les deux considérants qui précèdent le décret du 16 avril 1848 :
« Considérant que les billets des banques départementales forment aujourd'hui, pour certaines localités, des signes monétaires spéciaux dont l'existence porte une perturbation déplorable dans toutes les transactions; considérant que les plus grands intérêts du pays réclament impérieusement que tout billet de banque déclaré monnaie légale puisse circuler également sur tous les points du territoire... »

aujourd'hui revenir à un état de choses condamné par l'expérience ; mais l'expérience n'est pas héréditaire et comme la génération qui a été témoin des inconvénients des banques locales n'existe plus en partie, la nouvelle génération qui a succédé est disposée à ressusciter un ancien système abandonné, sous le prétexte de faire une innovation.

L'interprétation subtile à laquelle on voudrait recourir, pour démontrer que le privilège de la Banque de France n'existe pas pour toute la surface du pays, ne saurait être admise.

Nous nous trouvons en présence d'un monopole qui, renouvelé en 1857 [1], doit encore durer pendant vingt ans.

Il est hors de conteste qu'au commencement du siècle, comme le prétendent les partisans de la liberté d'émission, la Banque de France n'avait de droit exclusif que dans la ville de Paris, puis, en vertu du décret de 1808, que dans les localités où elle établirait des comptoirs ; mais aujourd'hui le monopole qu'elle possède s'étend au pays tout entier. Quand, en 1848, on a opéré la fusion de toutes les banques départementales avec la Banque de France, le principe a été nettement posé ; les dispositions du décret du 28 avril, comme les considérants qui le précèdent, démontrent pleinement l'exactitude de cette assertion. Si cependant une nouvelle preuve était nécessaire, on la trouverait dans l'exposé des motifs de la loi de 1857 et notamment dans l'article 10 de la loi qui déclare que la Banque devra avoir une succursale par département [2]. C'est bien, certes, lui reconnaître le droit exclusif de s'établir partout. On pourrait même dire que ce n'est pas un droit, mais un devoir qui découle du monopole. Ce point est d'autant plus essentiel à bien établir qu'un contrat passé de bonne foi de part et d'autre ne saurait être violé ultérieurement par la plus forte des deux parties. Pour les Etats comme pour les particuliers, la fidélité aux engagements est non-seulement une obligation sacrée, mais aussi la meilleure de toutes les sources de crédit et d'influence.

On parle beaucoup des condescendances d'une banque privilégiée vis-à-vis de l'Etat qui a concédé le monopole. On qualifie même

1. Aux termes de la loi du 30 juin 1840, le privilège de la Banque de France devait prendre fin le 31 décembre 1867. La loi de 1857 a accordé une prorogation en vertu de laquelle le terme de la concession est fixé au 31 décembre 1897.

2. La Banque de France possède actuellement en France 86 succursales, dont 41 donnent des pertes.

ces condescendances de funestes. Il faut avouer que ce mode d'argumentation est de nature à causer une certaine surprise, car si ces
prétendues condescendances portent un préjudice, ce n'est certes
pas à l'Etat qui en profite.

L'histoire de toutes les grandes banques privilégiées contient de
nombreuses preuves que le crédit de bien des gouvernements a été
soutenu et quelquefois sauvé par des combinaisons auxquelles se
sont prêtées ces utiles institutions. Est-ce pour sa plus grande utilité que la Banque d'Angleterre a prêté à l'Etat 14 millions de livres
sterling? Est-ce aussi pour son plus grand profit que la Banque de
France est venue maintes fois au secours du Trésor et qu'elle a
notamment, en 1830, donné au gouvernement 100 millions; en
1848, pareille somme; qu'elle a, en 1857, acheté pour 91 millions
de rentes à 75 francs, alors que la cote de la Bourse accusait pour
ces mêmes valeurs un cours bien inférieur? N'est-ce pas au plus
grand profit de l'Etat, disent encore les partisans du monopole, que
la Banque a fait au gouvernement, en 1871, des prêts jusqu'à concurrence d'un milliard et demi environ? Lorsqu'on veut combattre des
établissements de cette sorte, il ne faut pas invoquer des raisons que
l'on pourrait bien plutôt faire valoir pour démontrer les services qu'ils
ont rendus non-seulement en France et en Angleterre, mais dans
tous les pays civilisés.

Ces services, sans parler des effets directs de la circulation fiduciaire, sont de natures très diverses, et si ces établissements privilégiés ont été d'un grand secours pour les finances publiques dans
des moments difficiles, ils n'ont pas été moins utiles, pour le commerce, en de semblables occurrences. La Banque de France a su
résister aux trop nombreuses révolutions que l'on compte dans ce
siècle, et alors que les établissements de crédit semblaient prêts à
disparaître dans l'abîme, elle est toujours demeurée debout. Plus
d'une faillite a été évitée, grâce à elle. Ce n'est pas seulement dans
les moments de cataclysme qu'apparaît son heureuse influence, son
intervention est encore très précieuse dans le cours ordinaire des
événements, et les décisions qu'elle prend, en ce qui concerne les
conditions de ses prêts, sont d'utiles indications pour le public.
Cependant elle ne prétend pas, comme on paraît le supposer, s'ériger
en régulateur général et obligatoire du taux de l'intérêt de l'argent;
son conseil de régence n'a jamais pensé non plus à mettre le commerce d'une manière absolue à l'abri des événements aléatoires qui

résultent du cours naturel des choses ; mais il n'en est pas moins indéniable que la Banque de France est, de tous les commerçants, celui qui est le mieux placé pour observer le mouvement quotidien des échanges. Elle cherche à tirer parti, dans son intérêt et dans l'intérêt du public, de la position exceptionnelle qu'elle occupe et qui lui permet de constater certaines tendances, selon que son portefeuille augmente, que son émission diminue, que son encaisse est encombrée ou dépourvue d'espèces métalliques. En maintes circonstances, le public s'est bien trouvé d'avoir été prévenu par ses avertissements, et la Banque de France a rendu d'incontestables services en élevant d'une façon opportune et avec prudence, le prix de son escompte. Elle ne prétend pas plus supprimer les crises qu'un astronome ne prétend supprimer les orages, mais comme les savants qui observent les phénomènes atmosphériques, elle croit pouvoir donner des avertissements qui permettent quelquefois de rentrer au port avant la tempête. L'infaillibilité n'est pas une qualité dont elle se prévaut, mais il faudrait qu'elle fût bien mal inspirée pour être — comme on l'affirme — la cause de crises qui ne nuisent à personne autant qu'à elle et qu'elle est, mieux que personne, en situation d'apercevoir de loin. Une crise que l'on voit venir et qui est annoncée a des conséquences bien moins redoutables que celle qui apparaît subitement en temps de pleine prospérité.

Ainsi s'expriment les défenseurs du régime du monopole tel qu'il existe aujourd'hui en France.

Ces deux systèmes — liberté ou monopole — nous paraissent l'un et l'autre devoir être également repoussés. Nous les avons sommairement exposés parce qu'ils constituent un des aspects de la question qui nous occupe. La suppression du billet fiduciaire, telle est la réforme qui nous semble désirable et que recommandent l'expérience autant que la prudence.

III

SON ROLE

Le billet de banque a été défini souvent une monnaie d'agrément. Ce serait vrai pour le billet ayant sa représentation effective en métal. Il peut être plus agréable pour le public de porter un morceau de papier qu'un sac de mille francs en pièces d'argent ou même qu'un rouleau de pièces d'or ; mais quant au billet fiduciaire, quant à celui qui ne repose que sur la confiance inspirée par l'établissement qui l'a émis, tout l'agrément nous semble bien plutôt pour l'établissement que pour le porteur. Grâce en effet à ce fonds de roulement si facile à créer, puisqu'il suffit d'une presse et de quelques kilogrammes de papier, une banque d'émission peut réaliser de grands profits, sans être obligée de posséder des espèces métalliques. L'escompte fait au moyen du billet de banque fiduciaire est une merveilleuse source de gain. Aucune mise de fonds n'est pour ainsi dire nécessaire, puisque l'on pourrait se passer d'un capital quelconque, et le bénéfice est égal à celui que procure l'escompte opéré au moyen de la monnaie réelle, tel qu'il est pratiqué par les banquiers ordinaires.

La combinaison de la monnaie fiduciaire est par conséquent fort ingénieuse, mais ce n'est pas impunément que l'on augmente ainsi les instruments de payement d'un pays. Quoique différant essentiellement de la monnaie véritable, les billets fiduciaires font aux espèces d'or et d'argent une concurrence dont les conséquences n'ont pas toujours été suffisamment indiquées.

Il convient de rappeler que la monnaie métallique est une marchandise dont la matière première a été créée par la nature. Indépendamment de la matière première dont elle est faite et qui constitue une valeur intrinsèque, cette marchandise a un usage spécial comme tous les autres objets qui figurent dans l'inventaire général du monde civilisé et qui provient de la forme qui lui a été donnée par la main de l'homme. L'usage spécial d'une maison, c'est l'habitation ; l'usage spécial d'une voiture, c'est le transport ; l'usage spécial de la monnaie métallique, c'est le payement, la libération ou, en d'autres termes, un moyen perfectionné de déplacer définitivement la propriété. Une maison ne pourrait servir à payer ; il ne serait pas impossible de l'échanger contre un autre objet ayant la même valeur ; mais c'est pour éviter que dans les relations sociales on ne puisse faire que des échanges que la monnaie a été inventée. Le troc opéré directement, c'est l'état de barbarie pour une société, « c'est le premier bégaiement de l'échange. » La monnaie sert à opérer le troc indirectement. Lord Liverpool l'appelle le *sovereing archetype* des échanges. Grâce à elle, les échanges des hommes entre eux sont dédoublés. Quand un fabricant de chapeaux veut se procurer un gilet, il n'est pas obligé de chercher un fabricant de gilets ayant besoin d'un chapeau. Il vend son chapeau à un consommateur quelconque, et, avec le produit de cette vente, il achète son gilet. Il s'est bien procuré son gilet au moyen de son chapeau, mais il n'a pas échangé l'un contre l'autre. L'usage spécial de la monnaie est donc la libération et la circulation. La monnaie est une marchandise intermédiaire qui convient toujours à ceux qui veulent vendre et qui est toujours nécessaire à ceux qui veulent acheter; mais du moment où il ne s'agit plus ni de vendre ni d'acheter, c'est-à-dire de déplacer la propriété, elle est le plus mauvais de tous les capitaux, puisqu'elle est stérile et ne rapporte rien. Cette stérilité est encore un de ses mérites; elle fait que ceux qui la détiennent et qui n'ont pas besoin d'acheter cherchent, quand ils savent comprendre leur intérêt et quand ils ne sont pas des thésauriseurs, à s'en débarrasser de façon qu'elle arrive dans les mains de ceux qui veulent acheter et auxquels elle est nécessaire pour payer.

On trouve dans la monnaie métallique deux choses réunies : la matière précieuse dont elle est composée et grâce à laquelle sa tradition opère de fait un déplacement de propriété, et la forme qui la rend apte à sa destination spéciale. Ces deux choses, lorsqu'elles sont prises isolément, cessent d'être de la monnaie. Un lingot d'or ne peut être appelé de ce nom, pas plus qu'une pièce de cinq francs en plomb. Il arrive cependant que le signe soit séparé de la valeur et qu'une relation directe n'en continue pas moins de demeurer entre l'un et l'autre. La qualité de monnaie, malgré cette séparation, ne cesse pas alors d'exister. Cette division laissant subsister une relation directe, se rencontre dans la monnaie de papier. On appelle de ce nom un instrument de payement dont le signe est en papier et dont la valeur est un capital né, toujours payable à présentation. Tel est, par exemple, le billet de banque non fiduciaire, puisqu'il correspond à des espèces déposées dans l'encaisse. Tel était aussi, en 1790, le papier municipal qui, plus tard, a dégénéré en papier-monnaie, autre sorte d'instrument de payement d'une nature extrêmement différente. A l'origine, sa convertibilité était assurée, car il avait comme contre-partie un capital effectif. Les biens du clergé avaient été confisqués. Le gouvernement, qui en poursuivait l'aliénation, avait émis des billets correspondant à ces biens en vente et devant être reçus en payement. Ce papier, susceptible d'être ainsi transformé en de la terre, avait bien réellement une issue certaine. Il était de la terre monnayée. Quand on en détenait pour 100,000 francs, on savait que l'on avait droit, jusqu'à concurrence de cette somme, à des terres qui existaient, et lorsqu'on voulait acheter des biens confisqués, on pouvait les payer avec ce papier. On pouvait, par conséquent, à volonté, le transformer en immeuble.

En Russie, il fut un temps où il existait une sorte de monnaie dont les deux éléments, la valeur et le signe, étaient aussi séparés, et qu'il n'est pas inutile de rappeler ici pour faire comprendre l'essence du billet fiduciaire. On a fait usage en Russie de fourrures de martre en guise de monnaie. Les fourrures étant une valeur sont échangeables contre une autre valeur ; mais une peau de martre n'est pas un objet facile à porter ; aussi avait-on imaginé de faire circuler à la place de la peau entière, seulement la tête de la bête qui était revêtue de l'estampille du gouvernement. La valeur fourrure était déposée au Trésor public pendant que le signe tête circulait et servait à faire des payements.

Si l'instrument fabriqué par les banques d'émission fiduciaire ne peut être considéré comme de la monnaie de papier, puisqu'il n'est pas appuyé sur un capital disponible, s'il ne peut, pour la même raison, être assimilé à la tête de martre, il ne doit pas être non plus confondu avec du papier-monnaie. Cette dernière qualification doit s'appliquer à un billet qui n'est pas convertible ou qui ne repose sur aucune valeur née ou à naître, et qui, bien entendu, a cours légal, car sans cette vertu qu'il tient de l'autorité supérieure, il ne circulerait pas. Le billet de la Banque de France jouissant du cours forcé est du papier-monnaie au delà du chiffre de l'encaisse métallique. Le papier municipal cité précédemment a fini par devenir du papier-monnaie. Il a pris le nom d'assignat au moment de cette transformation. En 1791, ce papier fut émis en une telle quantité qu'il ne représentait plus la valeur d'aucune terre. Il y en eut un instant pour 45 milliards en circulation. La dépréciation ne tarda pas à se manifester, et dans un emprunt que fit l'Etat, en 1795, on décida que les assignats ne seraient admis dans les souscriptions que pour un centième de leur valeur. Un assignat de cent francs n'était donc plus accepté par l'Etat que pour un franc. La dépréciation devait aller plus loin encore. Bientôt l'assignat ne fut plus accepté que pour un demi-centième de sa valeur nominale, et, en 1796, il ne trouva plus de preneur dans la circulation. Ces morceaux de papier ne sont plus que des objets de curiosité ; puisse-t-on tirer de cette curiosité un enseignement utile pour l'avenir.

Le billet de banque fiduciaire, fabriqué par une banque d'émission ne jouissant pas du privilège du cours forcé, constitue un instrument de payement *sui generis*. Il ne vaut en réalité pas davantage que l'effet de commerce qu'il remplace, et cependant il a un rôle essentiellement différent de celui de cet effet dans la circulation. Il commet une usurpation, car il a la prétention d'être une valeur à l'égal des objets contre lesquels on le donne en payement; on pourrait presque dire qu'il n'est que le masque de cette valeur. Il est incontestable qu'il constitue un signe intermédiaire, mais il ne peut être considéré en même temps comme étant une marchandise intermédiaire.

L'actif social est composé de tout ce qui existe sous quelque forme que ce soit, meuble ou immeuble. Dans cet actif social figurent les métaux monnayés, or ou argent, dont la valeur a été prise comme type pour désigner la valeur des autres objets. C'est par suite d'une convention que l'on dit que tel immeuble est estimé 100,000 francs. Si on avait admis la valeur du blé comme dénominateur, on dirait que tel immeuble est estimé tant de kilogrammes de blé. En Russie, dans le temps où les peaux de martres servaient à payer, on définissait le prix d'un objet par le nombre de peaux qui pouvaient être données en échange. La principale des raisons qui ont fait accepter l'or et l'argent comme mesure commune des prix, c'est le peu de variation qui se produit en général dans leur capacité d'échange. En effet, si, pour apprécier la longueur des objets, on avait adopté une mesure s'allongeant ou se raccourcissant, il en serait résulté de grandes difficultés. Il faut qu'un type auquel on rapporte les autres objets pour en estimer soit leur longueur quand il s'agit du mètre, soit leur volume quand il s'agit du litre, soit leur valeur échangeable quand il s'agit de la monnaie, reste à peu près invariable. Cette qualité de fixité, qui a fait choisir l'or et l'argent pour l'instrument des échanges, n'est cependant pas absolue, car la valeur de l'or et de l'argent augmente ou diminue selon la rareté ou l'abondance de ces deux métaux. Les découvertes des mines de l'Australie et de la Californie ont produit en France une importation considérable d'or. En sorte que l'or, en devenant plus abondant, a perdu de sa valeur comme le blé s'avilit dans les années de bonnes récoltes. L'or qui perd de sa valeur voit diminuer sa vertu d'échange. Ce que l'on donnait jadis pour une pièce de 20 francs doit être payé 40 francs si l'or ancien est avili de moitié. L'or peut donc baisser de valeur, et cette baisse se traduit par une élévation de prix ; mais l'objet qui était payé 20 francs, et qu'il faut payer aujourd'hui 40 francs, n'a pas toujours acquis plus de valeur par rapport aux autres objets. Un mouton, par exemple, que l'on acquiert actuellement pour 20 francs, s'échangerait peut-être contre la même quantité de blé qu'il y a trente ans, alors que son prix était de 10 francs. Les erreurs dans les termes amènent des erreurs dans les idées. On dit souvent que tout renchérit ; certaines choses assurément renchérissent isolément, mais quand ce sont toutes les choses qui deviennent à la fois plus chères, on doit se servir d'une autre expression et dire que c'est l'or qui baisse de valeur. Altérer l'agent de circulation — a dit Malthus — c'est changer la distribution des produits, et, en effet, la baisse de l'or a des conséquences graves. Elle porte préjudice notamment à ceux qui ont des revenus fixes en argent, comme les rentiers, ou à ceux qui touchent des traitements ou des pensions, ou bien encore à ceux qui font des conventions à long terme. En 1820, par exemple, Pierre a donné à Paul 100,000 francs qui doivent être rendus en 1870. Dans ce long espace de temps, des arrivages d'or ont amené une baisse de moitié. Quand Pierre rend à Paul ses 100,000 francs, il lui donne une somme avec laquelle Pierre ne se procurera pas ce qu'il se serait procuré en 1820. La baisse de l'or nuit donc à tous ceux qui en détiennent et qui en voient diminuer la valeur pendant que ce métal est dans leurs tiroirs, et à tous ceux qui sont créanciers d'une somme déterminée.

Puisque l'or et l'argent subissent, quoique à un moindre degré, ces variations de valeur auxquelles sont soumises toutes les marchandises, on doit craindre que l'émission d'une grande quantité de billets fiduciaires dans un pays ne vienne déprécier la monnaie réelle. Telle est l'opinion exprimée par certains économistes.

Il est bien certain que le billet de banque fiduciaire joue le rôle de la monnaie métallique, quoiqu'il ne puisse lui être assimilé. Il fait à cette monnaie, tant que la confiance du public y consent, une concurrence absolument semblable à celle que ferait une masse d'or importée. Il vient, en un mot, grossir fictivement l'actif social en s'additionnant aux marchandises préexistantes. Si, par exemple, un pays déterminé possède un actif de 40 milliards en valeurs de tous genres, meubles et immeubles, dont 4 milliards de métaux monnayés, et qu'une banque émette dans ce pays 1 milliard de monnaie fiduciaire, un statisticien qui ferait le bilan, — si cela était possible —

trouverait 41 milliards dont 5 milliards de monnaie. Ce quarante et unième milliard serait une création de fantaisie. Néanmoins, dans le compte des instruments de circulation monétaire, on aurait 5 milliards, d'où l'on doit conclure que la valeur d'échange des 4 milliards de monnaie préexistants serait diminuée par rapport à la valeur des autres objets du bilan général.

On ne saurait prétendre que le billet fiduciaire n'est que la substitution, dans la circulation, d'un papier revêtu de signatures connues (les directeurs de la Banque) à un papier signé de personnes inconnues du public (les commerçants particuliers) ; que le billet fiduciaire s'échange comme s'échangeait l'effet commercial contre lequel il a été donné ; que cette transformation n'a d'autre résultat que d'étendre le rayon de circulation et de permettre à ce billet de venir aux mains de personnes qui l'auraient refusé, s'il avait conservé sa forme primitive de papier de commerce, transmissible par endossement.

Le billet fiduciaire et le papier de commerce ont entre eux des différences considérables. Le billet de banque libère sans condition. L'effet commercial ne libère qu'autant qu'il est payé à son échéance ; il constitue un commencement de payement qui se termine par la livraison d'une somme d'argent. Vendre une chose moyennant un billet à trois mois, c'est la vendre à crédit, c'est la donner en échange d'un droit éventuel à sa valeur, mais nullement en échange d'une propriété actuelle. Ainsi, dans le déplacement d'un objet livré à crédit, on voit apparaître deux détenteurs, et non pas deux propriétaires ; autrement, le crédit serait une mine de capitaux. Le vendeur est détenteur du billet qui lui donne droit à la valeur de l'objet déplacé, mais il n'est pas propriétaire de cette valeur. L'acquéreur en question n'est pas non plus tout à fait propriétaire de cet objet, parce qu'on pourrait le lui réclamer en cas de non payement. Le crédit, quelque grande que puisse paraître l'illusion, ne crée pas du capital, il sert — pour le plus grand profit de la société — à diviser momentanément la propriété. Le crédit n'est jamais autre chose que du répit. Il ajoute quelque chose assurément à l'avoir général de la société, en permettant de travailler, mais il n'est pas autre chose qu'un élément de force productive. Le billet de banque, au contraire, n'est pas du crédit, il est du comptant.

Vendre un objet moyennant un billet de banque, c'est faire immédiatement un échange de propriété. Le billet de banque, en un mot, libère de suite celui qui le donne et cependant il ne représente qu'une propriété fictive.

Le payement, au moyen d'un billet de commerce, est un payement différé ; le payement au moyen d'un billet de banque est un payement réalisé. Le billet de banque est considéré par son détenteur comme une valeur existant. L'effet commercial n'est qu'une valeur à venir ou en voie de formation, et celui qui la détient sait que son payement dépend de la solvabilité des souscripteurs et de la réussite de leur commerce. Enfin, la preuve que l'effet commercial n'est pas comme le billet de banque, c'est que l'on escompte le premier et que l'on n'escompte pas le second.

Il est certain qu'une banque d'émission, en mettant dans son portefeuille un effet commercial, ne retire de l'avoir social qu'une créance, et, en donnant en échange un billet de banque, ajoute, au contraire, à cet avoir social, une valeur fictive mais présumée réelle et échue. En émettant un billet, la Banque crée un propriétaire, donc elle crée aussi une propriété — illusoire assurément — mais qui, comme tous les objets nouvellement produits, vient s'additionner aux propriétés préexistantes et en augmenter le nombre. Pierre achète de Paul tant de kilogrammes de coton moyennant une promesse de 1,000 francs, à trois mois, l'actif de la société n'est pas augmenté ; les kilogrammes de coton ont seulement changé de main, et Paul, qui détient la promesse, est moins riche que lorsqu'il possédait la marchandise qu'il a vendue. S'il porte cette promesse à la Banque pour la faire escompter et s'il reçoit en échange un billet de 1,000 fr., il se trouve, au contraire, redevenu aussi riche qu'avant d'avoir livré son coton. Aussi, qu'arrive-t-il ? La valeur des kilogrammes de coton figure deux fois dans le bilan social. Pierre, l'acquéreur, possède le coton — sous condition résolutoire, il est vrai — et Paul, le vendeur, en a touché le prix, sans que cependant le payement ait été effectué. Si la Banque escomptait avec du métal, ce double emploi n'existerait pas, parce que, en donnant à Paul le montant de l'effet commercial présenté à l'escompte, elle se serait appauvrie d'autant. Mais du moment où elle escompte avec une monnaie de fantaisie, qui ne coûte que des frais d'impression, elle augmente l'actif de la société.

D'ailleurs, en supposant — ce qui est une erreur — que l'effet de commerce représentât une valeur acquise, le billet de banque fiduciaire émis à l'occasion de son escompte ferait encore un double emploi avec lui. La valeur de cet effet de commerce ainsi escompté figurerait deux fois dans la société : une fois dans le portefeuille de la Banque, sous sa forme première, et une fois sous sa seconde forme, dans la caisse du négociant qui aurait reçu le billet fiduciaire. Cet effet de commerce n'est pas annulé parce qu'il est déposé dans le portefeuille de la Banque. Il l'est si peu que l'on a souvent conseillé à la Banque de le réescompter.

Le billet de banque, à quelque point de vue que l'on se place, est bien, comme on l'a dit, de l'or supposé, de la fausse monnaie; mais l'émission du billet de banque produit-elle sur la valeur de l'or vrai l'effet que produirait l'exploitation d'une nouvelle mine de ce métal; en d'autres termes, une banque qui émet du papier en or supposé exproprie-t-elle pour partie les détenteurs d'or vrai?

Il nous semble que cette invasion de fausse monnaie, appelée billet fiduciaire, engendre bien plutôt une exportation de la monnaie vraie qu'une dépréciation de cette marchandise. Nous pensons qu'une émission fiduciaire faite dans un pays où les instruments de circulation ne font pas défaut a pour conséquence non pas une dépréciation, mais une expulsion des espèces métalliques.

L'or va et vient; les lignes douanières n'existent pas pour lui. Essentiellement cosmopolite, il ne connaît pas les frontières; il est sans nationalité, et pour lui le monde entier ne forme qu'un seul et vaste marché sur lequel des flux et des reflux se font sentir selon les courants commerciaux qui surgissent, augmentent, diminuent ou disparaissent complètement. Au contraire, le billet de banque ne peut servir à l'étranger ; sa circulation est essentiellement restreinte à son pays natal. L'or qui ne se laisse pas facilement et volontairement diminuer de valeur et qui a une facilité de pérégrination que ne possède pas le billet, s'il se voit un concurrent dans un pays, s'en va dans un autre où on l'appréciera davantage. En sorte que l'or faux, au lieu de déprécier l'or vrai le chasse, et c'est là le grand reproche que nous lui faisons.

La dépréciation que causerait au numéraire existant l'apparition d'une quantité considérable de billets fiduciaires, ne pourrait être réelle qu'autant qu'il s'agirait d'un pays fermé par une muraille de Chine ou d'un marché comprenant tout l'univers. Si, au lieu de supposer un rayon de circulation déterminée par des frontières, on admettait l'idée d'une émission inopportune faite par une banque universelle, comme elle ne pourrait pas faire exporter dans la lune les millions métalliques avec lesquels elle viendrait se mettre en concurrence, il devrait en résulter fatalement une baisse de la valeur des métaux.

Il peut cependant se présenter une circonstance où l'émission fiduciaire avilisse sensiblement l'or, c'est lorsque le cours forcé existant dans un pays, les métaux sont refoulés dans ce pays par le fait d'un excédant d'exportations sur les importations. Tel pays a plus vendu qu'acheté, il a plus exporté qu'importé, la différence doit donc être soldée en espèces, et ces espèces venant forcément faire concurrence à l'émission fiduciaire dont la quotité subsiste toujours, puisqu'il y a cours forcé, les prix montent immédiatement. C'est ce qui s'est produit en France depuis 1871, et ce renchérissement général a fait croire à certains esprits superficiels que cette élévation des prix était un signe de prospérité. Mais quoique nous considérions le cours forcé comme une conséquence inévitable du papier fiduciaire, nous estimons que ce n'est qu'un accident et nous raisonnons toujours dans l'hypothèse d'une possibilité ou d'une prétendue possibilité de payement en espèces, et c'est parce que tel est notre point de départ que nous disons que l'émission fiduciaire expulse les métaux.

Les partisans du papier fiduciaire, il est vrai, n'envisagent pas tout-à-fait les choses à ce point de vue. Non seulement ils pensent que les billets de banque ne déprécient pas l'or, mais ils croient que ces billets ne sont la cause d'aucune expulsion de métal. A leurs yeux, l'utilité de la monnaie fiduciaire est précisément de maintenir à un niveau à peu près constant la valeur de l'or. Ce résultat leur semble atteint parce qu'ils supposent que la monnaie de papier, grâce à sa merveilleuse élasticité, augmente ou diminue, selon les mouvements de contraction ou d'extension des instruments réels de circulation.

Quand, par exemple, le stock métallique n'a pas été modifié, mais que les besoins d'argent ont augmenté, il doit paraître très utile de verser sur le marché une quantité de billets de banque proportionnée aux nouveaux besoins. Sans cet appoint, la valeur des métaux se fût nécessairement accrue. Quand, au contraire, les besoins de métaux sont stationnaires, mais qu'un pays voisin opère un drainage dans notre stock métallique, un manque d'équilibre survient entre l'offre et la demande, et une émission fiduciaire a pour but de rétablir cet équilibre. Si, plus tard, l'argent drainé par l'étranger est renvoyé dans notre pays, alors la monnaie fiduciaire lui cède sa place qu'elle était venue discrètement occuper pour un moment. En un mot, la circulation fiduciaire, au dire de ceux qui la soutiennent, semble, par sa mobilité, destinée à maintenir précisément la valeur de l'argent à laquelle on lui reproche de porter atteinte. Par sa dilatation et sa contraction, elle joue dans la circulation monétaire le même rôle que l'acier dans le balancier de cuivre ; elle est, par ses mouvements inverses et opposés à ceux de la monnaie réelle, une sorte de compensateur.

Il est très certain qu'un déficit dans la quantité de monnaie a pour conséquence dans les rapports commerciaux, indépendamment de l'altération des valeurs, une gêne et un malaise qui deviennent parfois une crise. La monnaie est le véhicule des marchandises. C'est en vain que l'on prétend que le crédit jouant le même rôle peut faire opérer les mêmes transactions commerciales. Le crédit a toujours une échéance, autrement il serait une donation ; il doit toujours se résoudre en un payement ; on peut le qualifier une opération dilatoire ; il n'est en effet que l'ajournement d'une livraison de pièces de monnaie que l'on aime mieux ne pas faire immédiatement, mais il ne remplace nullement le payement effectif. Le crédit n'est même pas un découvert. Le crédit avec un découvert, c'est un acte d'amitié ou de bienfaisance, et par conséquent un acte étranger au commerce. Tel qu'il est pratiqué dans les relations commerciales, le crédit est toujours parfaitement garanti par un gage, et un commerçant a d'autant plus de crédit qu'il est plus riche, c'est-à-dire qu'il peut offrir plus de gages. La monnaie, dans un pays où les modes de payements sont aussi peu perfectionnés qu'en France, est un instrument dont la tradition est nécessaire pour terminer à peu près toutes les opérations d'échange. On peut dire que la rareté de cet instrument arrête plus ou moins les transactions, comme la rareté des chevaux arrêterait les rapports de société dans une ville où l'on ne pourrait aller se voir qu'en voiture. Par conséquent, si l'émission fiduciaire avait réellement pour but de compenser les expansions et les contractions du stock métallique, afin de maintenir toujours au même point le niveau de la circulation, elle présenterait évidemment un avantage considérable, et son inventeur, si tant est qu'il y en ait un, mériterait une récompense nationale de premier ordre. Mais nous croyons au contraire que la monnaie fiduciaire appauvrit le marché en général et sauf des exceptions, lorsque les métaux sont abondants, et qu'elle disparaît toujours aussitôt que les métaux deviennent rares ; en d'autres termes, la prétendue élasticité de cette monnaie factice nous semble se manifester en raison inverse des besoins de monnaie réelle.

Lorsque l'étranger attire à lui notre or, la Banque de France, en supposant, bien entendu, qu'elle n'ait pas le privilège du cours forcé, élève aussitôt le taux de son intérêt afin de restreindre son émission. Elle a raison, car si elle émettait d'autant plus de billets qu'il est plus sorti de métal, elle hâterait cette exportation et contribuerait à notre appauvrissement métallique, sans compter qu'ayant augmenté considérablement ses engagements à vue, elle pourrait se trouver, à un moment donné, dans un grand embarras. Si, au contraire, les métaux sont abondants sur le marché, la Banque baisse le taux de son intérêt; elle ne craint pas de laisser sortir trop de billets fiduciaires, mais ses billets ne servent à rien, ils sont inutiles, l'or et l'argent sont là pour remplir mieux qu'ils ne sauraient le faire l'office de la circulation. En réalité, on retire des mains du public la monnaie fiduciaire au moment où elle pourrait combler un déficit, et on ne l'émet volontiers que lorsqu'elle est, pour ainsi dire, une superfétation.

Un pays n'a besoin que d'une certaine quantité de monnaie. Quand on augmente cette quantité au moyen de billets, comme ces billets ne peuvent pas être exportés, puisque leur circulation est limitée aux frontières, le métal — s'il n'y trouve pas de désavantage — passe à l'étranger et cède le pas à l'argent fictif qui lui fait concurrence. C'est en vain, croyons-nous, que l'on prétend que, dans le cas d'une émission supérieure aux besoins commerciaux, ce sont toujours les billets qui sont présentés au remboursement et que ce n'est jamais l'argent qui est exporté. L'hypothèse est possible, mais elle constitue une exception, et une exception fort rare. C'est dans trois cas seulement que les billets sont présentés en grand nombre au remboursement : 1° lorsque l'on a besoin de monnaie métallique pour faire des payements à l'étranger; 2° lorsqu'il y a panique, inquiétude, besoins urgents de faire des payements en métal aussi bien à l'intérieur qu'à l'extérieur; 3° lorsque les métaux sont refoulés dans notre pays, par suite de circonstances extérieures qui peuvent être multiples, et telle notamment que l'existence du cours forcé chez les nations limitrophes. Il est hors de doute que, dans ce dernier cas, en présence d'une émission fiduciaire surabondante, le métal, qui est toujours le plus fort, impose aux billets l'obligation d'aller se faire rembourser, c'est-à-dire qu'il les supprime en les condamnant à aller mourir au guichet des payements métalliques, ou bien encore, ce qui revient au même, il s'entrepose en telle quantité dans l'encaisse que le billet de banque n'est plus fiduciaire. La monnaie réelle, bien incontestablement dans une pareille occurrence, réduit l'émission fiduciaire de ce qu'elle a d'exagéré; mais pour peu qu'elle puisse s'écouler à l'étranger avec un petit intérêt ou même sans perte, n'ayant que faire à l'intérieur et voyant le papier se charger de jouer son rôle par rapport à l'escompte spécialement, elle émigre d'autant plus vite que l'émission est plus considérable. Qu'un trouble se manifeste dans le commerce, qu'une exportation d'argent devienne nécessaire pour acheter du blé ou toute autre denrée, est-ce la monnaie fiduciaire qui, après avoir appauvri le marché, viendra faire cet office? Evidemment non! Au contraire, dans ce cas, le billet fiduciaire se retire de la circulation. Cette retraite est prudente. Elle est commandée par la nature des choses; mais il n'en est pas moins vrai que le marché monétaire, d'abord appauvri de métal par l'existence du papier fiduciaire en temps normal, se trouve en temps anormal doublement appauvri et par la sortie des métaux qui est subitement accélérée et par le retrait des billets de banque.

Tel n'est pas le seul inconvénient de la monnaie fiduciaire. Une banque d'émission qui a constamment entre les mains du public des billets dont on peut demander le remboursement, car il est inutile de répéter que nous raisonnons toujours dans l'hypothèse où le cours forcé n'existe pas, cette banque, qui n'a pour faire face à ce remboursement qu'une encaisse métallique en général inférieure des deux tiers au montant des billets, doit se préoccuper des fluctuations monétaires. Ces sortes de préoccupations se traduisent dans la pratique par des variations dans le taux de l'escompte. Ces variations sont-elles toujours conformes à la véritable situation du marché monétaire et ne sont-elles pas bien plutôt inspirées par les craintes que la Banque peut avoir pour sa propre existence? On a dit que souvent le taux de l'escompte avait été élevé par les banques d'émission — qui n'étaient pas retenues par le frein salutaire de la libre concurrence— en vue de réaliser des bénéfices plus considérables. A cette accusation, on a répondu que l'intérêt des actionnaires était opposé aux élévations du taux de l'intérêt, attendu que l'on prêtait bien plus à bas prix qu'à prix élevé, et que, par conséquent, les bénéfices étaient en raison inverse de l'élévation du prix de l'escompte. Il peut en être ainsi parfois, mais on ne saurait dissimuler que d'autres fois ce reproche a une apparence de vraisemblance capable de séduire bien des esprits. Même en laissant de côté des calculs d'intérêt qui n'auraient rien de bien surprenant, après tout, de la part d'une banque commerciale, cette obligation de protéger l'encaisse doit avoir souvent pour conséquence de faire payer au commerce l'argent plus cher qu'il ne vaut en réalité et d'amener un renchérissement factice du louage des capitaux. Et cependant, d'un autre côté, la conservation du numéraire dans l'encaisse ne devrait pas avoir une bien grande importance. Si la banque inspire confiance, si on sait que son portefeuille n'est garni que de bonnes valeurs, certainement payées à l'échéance, qu'importe qu'il y ait un peu plus ou un peu moins d'espèces métalliques! Ainsi en 1864, l'encaisse de la Banque est descendue à 169 millions vis-à-vis d'une circulation fiduciaire de 813 millions. Il y avait cinq fois plus de papier que de numéraire et cependant le public ne concevait aucune inquiétude sur la valeur des billets qu'il avait entre les mains. Il savait que le portefeuille contenait 752 millions de bons effets de commerce. Au contraire, en mars 1865, la Banque nationale d'Autriche avait une encaisse de 121 millions vis-à-vis d'une circulation de 346 millions et on était obligé de recourir au cours forcé pour maintenir la circulation des billets. L'encaisse n'a qu'une importance morale. Elle est toujours assez élevée s'il n'est pas nécessaire d'y recourir et elle est toujours insuffisante s'il prend au public envie d'y puiser. En considérant le niveau de l'encaisse comme devant être une règle absolue pour l'émission fiduciaire, on prend une base très vraie en théorie et parfaitement fausse en pratique. Quoi que l'on fasse si le danger se présente, il n'existe qu'une seule mesure salutaire pour la Banque mais bien dangereuse pour le pays, c'est le cours forcé.

Un fait nouveau qui n'existait pas, il y a une trentaine d'années, est venu incontestablement rendre plus dangereuse la situation des banques d'émission par rapport aux exigences du public. Ce fait nouveau, c'est l'apparition en très-grande majorité de l'or dans la circulation monétaire. Lorsque les pièces de cinq francs en argent étaient presque exclusivement en usage, le remboursement matériel était lent, c'est à peine si à un guichet on pouvait payer en un jour 10 millions. Pour rembourser 100 millions, il fallait donc au moins dix jours et dix jours de gagnés en temps de panique pour une banque, c'est presque le salut assuré. Aujourd'hui les pièces de cinq francs en argent sont rares, c'est l'or qui prédomine, et 100 millions en or peuvent être comptés du matin au soir. Les compter est même une opération superflue, il suffit de les peser, ce qui rend le maniement beaucoup plus rapide. La forme massive des pièces de cinq francs en argent a aussi rendu service, à un autre point de vue et notamment à la Banque de France, en contribuant dans une certaine mesure à faire revenir promptement au pair, en 1848, son billet fiduciaire. Après le décret sur le cours forcé, rendu à cette époque, le billet a perdu trente francs, mais le maniement de sommes un peu considérables en pièces de cinq francs était tellement difficile qu'il a bien fallu revenir à l'usage du papier. Les garçons de recette étaient obligés de faire leurs recouvrements en voiture et ils éprouvaient des embarras de toute sorte.

Il ne faut pas croire que la hausse de l'escompte par une banque unique revêtue d'un monopole protège un pays contre le drainage du métal. Cette mesure protège la banque, en restreignant l'émission, mais le pays importateur prend néanmoins tout ce dont il a besoin. L'exportation de l'or, lorsqu'elle résulte du mouvement naturel des échanges, ne peut être indéfinie. D'ailleurs, les espèces métalliques qui disparaissent d'un pays ne cessent pas d'exister, elles sont seulement déplacées et ce déplacement, quand aucun moyen artificiel ne s'y oppose, n'est jamais que momentané. L'exportation des espèces, si elle est naturelle, s'arrête toujours au moment où elle n'est plus nécessaire et ce n'est pas la hausse de l'escompte qui lui impose une barrière. Quand une grande banque d'émission modifie les conditions de ses prêts, toutes les autres banques semblables du continent se croient, par suite d'une certaine solidarité, dans l'obligation de suivre le même exemple. Le seul résultat de ces élévations du taux de l'escompte, c'est pour toutes les banques un accroissement de bénéfices, et quant aux commerçants de tous les pays, ils n'y trouvent que l'avantage d'être tous soumis proportionnellement à des sacrifices semblables.

Il est hors de conteste que l'apparition de l'émission fiduciaire dans une localité, doit, au premier moment, faire baisser le prix de l'argent. Mais avancer cette assertion, c'est affirmer la concurrence faite par la fausse monnaie à la vraie monnaie, et il n'est pas nécessaire d'avoir beaucoup étudié l'économie politique pour savoir que cette concurrence existant entre ces deux instruments d'échange, il est bien certain que celui qui peut émigrer comme l'or et l'argent ne manque pas d'aller chercher ailleurs un meilleur traitement. On obtiendrait un abaissement bien plus certain dans les conditions des prêts, si on drainait les capitaux oisifs au moyen de la multiplication des petites banques, et si, au lieu d'employer un expédient artificiel et peu durable, on avait recours à des moyens naturels. Les bons effets d'une organisation régulière et générale du commerce de l'argent ne seraient pas assurément permanents, mais ils seraient au moins d'une durée bien plus probable. Ces capitaux vrais, auxquels on n'a pas recours parce que le billet fiduciaire fait leur office, ou bien demeurent dans une inaction déplorable pour tout le monde, ou bien, au moment de leur réveil, émigrent parce qu'ils trouvent leur place prise par la monnaie des banques d'émission.

IV

SA SUPPRESSION

A l'origine de son existence, le billet de banque était un certificat que délivraient les orfèvres et au moyen duquel ils reconnaissaient que telle somme avait été déposée entre leurs mains. Les orfèvres ont remarqué que les dépôts n'étaient pas toujours immédiatement réclamés, et ils sont arrivés successivement à délivrer plus de certificats qu'il n'y avait de valeurs déposées. Primitivement, le billet de banque n'était donc pas fiduciaire, puisqu'il avait sa représentation métallique. Il était alors bien vraiment une monnaie d'agrément, comme on l'a défini, tout en étant une monnaie réelle, et ceux qui le possédaient trouvaient avantage à s'en servir. C'était, sous une forme portative et facile à manier, exactement la même valeur qu'un sac d'écus. On devra toujours se servir de ce billet de banque, parce qu'il est utile et qu'il ne présente aucun inconvénient. Il ne saurait en être de même du billet fiduciaire, qui prétend être une valeur au comptant, tandis qu'il n'est qu'une valeur à terme.

La monnaie fiduciaire est une sorte de mensonge. Elle s'attribue une qualité qu'elle n'a pas en se disant remboursable à vue et au porteur. Néanmoins elle constitue une addition à la monnaie réelle, pouvant dans certains moments faire fuir à l'extérieur le capital métallique dont elle vient prendre la place. Elle a la prétention de maintenir la fixité de l'or et de l'argent, et elle semble, en maintes circonstances, devoir contribuer à troubler cette fixité ; allant contre le but qu'elle veut atteindre, elle n'est d'aucune utilité, attendu que son émission s'accroît en temps d'abondance, alors que son concours n'est pas nécessaire, et qu'elle se restreint en temps de rareté, quand elle pourrait remplir l'office des instruments de payement réels qui font défaut.

L'émission fiduciaire est la pire de toutes les fausses monnaies. Si Philippe le Bel avait le tort de décider qu'une demi-livre d'argent vaudrait autant qu'une livre, il apportait dans les échanges une perturbation qui, une fois faite, ne se reproduisait plus jusqu'à ce qu'une nouvelle fantaisie prît au roi. Le dommage était limité pour une période déterminée, si courte qu'elle fût. L'émission fiduciaire, au contraire, par ses contractions et ses expansions quotidiennes, attire ou refoule à contre-temps, surtout quand elle a le cours forcé, la monnaie métallique étrangère et soumet le change à de constantes variations. Elle ne modifie pas avec avantage d'une manière durable les conditions des prêts et ne rend pas plus facile l'escompte des effets de commerce. L'obligation, pour les banques d'émission, de veiller sur leur encaisse métallique est une cause de préoccupations constantes, préoccupations qui se traduisent, dans la pratique, par de nombreuses variations du taux de l'escompte. Ces mouvements de hausse et de baisse, toujours si préjudiciables au commerce, sont néanmoins encore insuffisants pour protéger l'encaisse, et l'expérience démontre qu'il faut toujours en arriver au cours forcé. Une banque d'émission, même très prudente, est infailliblement soumise à l'obligation de recourir à cet expédient. Il conviendrait dès lors d'abandonner l'usage d'un instrument artificiel qui présente tant de dangers et de revenir à la réalité, c'est-à-dire à la monnaie vraie.

L'émission fiduciaire a été inventée pour maintenir la fixité du prix de l'argent comme l'échelle mobile avait été établie en vue de régulariser le prix du blé. Ces deux expédients sont aussi impuissants l'un que l'autre, et le premier mérite d'avoir le sort du second. Faire avoir l'argent à meilleur marché qu'il ne vaut serait certainement rendre un grand service, mais, en vérité, tel n'est pas le but que l'on atteint. Le mieux est de laisser aux choses leur cours naturel et de s'en remettre à chacun du soin de son propre intérêt. On prétend qu'en bien des circonstances ce sont les digues qui causent les inondations ; il serait bien plus vrai de dire qu'en matière de crédit, ce sont les institutions artificielles qui causent les catastrophes.

Si le billet fiduciaire était supprimé, et si les billets émis par une ou plusieurs banques représentaient des espèces métalliques, on n'aurait plus de raison, bien ou mal fondée, pour ne pas faire circuler de petites coupures. La Banque de France tient à n'émettre que de grosses coupures. Elle n'a progressé à cet égard que lentement et, pour ainsi dire, malgré elle. Le plus petit billet a été pendant long-temps du chiffre de 500 francs. C'est en 1848 seulement qu'elle a commencé à émettre des coupures de 100 francs. Ce refus presque constant de fractionner les billets a fait naître des difficultés dans la circulation et a été notamment une gêne pour les chefs d'industrie qui ont des salaires à payer chaque semaine. On n'a pas oublié ce qui s'est passé en 1871, au moment où une partie de nos pièces divi-sionnaires avaient émigré. De grandes maisons de banque de Paris durent émettre de petites coupures en représentation des billets de la Banque de France qu'elles conservaient dans leur encaisse. Ce n'est que grâce à ces billets, qui variaient de 1 à 20 francs et qui étaient gagés par les gros billets de la Banque de France, que nous avons pu traverser une crise d'autant plus inquiétante que l'on ne pouvait savoir quelle en serait la durée. Cette crise était heureusement tout-à-fait exceptionnelle; mais, même dans les conditions ordinaires, l'existence des coupures inférieures rend de grands services. A partir du jour où chaque billet serait la représentation exacte de la somme en métal, or ou argent, dont il porte l'indication, l'utilité de la cou-pure élevée aurait disparu, et le commerce trouverait des faci-lités dont il n'a pu jouir jusqu'ici, malgré d'incessantes revendica-tions.

Ce système de fausse monnaie est plus dangereux pour le public qu'il n'est utile à ceux qui sont autorisés à faire des émissions fidu-ciaires. Le commerce international est fait avec de la monnaie réelle. On ne saurait comprendre dès lors pourquoi il n'en serait pas de même du commerce national. Aucune différence n'apparaît, et il serait à désirer qu'on en vînt à cette réforme avant d'y avoir été con-duit par une expérience douloureusement acquise. Cette réforme serait aujourd'hui facile à réaliser ; elle pourrait être opérée sans secousse, car jamais les espèces métalliques n'ont été plus abondantes, et le public n'éprouverait aucune gêne momentanée. Les billets fiduciaires retirés de la circulation seraient en effet remplacés sur l'échiquier commercial par les espèces métalliques qui demeurent inactives, soit à la Banque sous forme de dépôt sans intérêt, soit ailleurs. Pour opé-rer cette réforme, il faudrait, nous le reconnaissons, racheter à la Banque de France le monopole qui lui a été concédé et qui n'a plus qu'une durée de vingt ans; mais des personnes ayant très grande

autorité en pareille matière affirment que, si élevée que fût l'indem-
nité, elle n'égalerait pas les sacrifices imposés au commerce par cet
établissement à certaines époques, et notamment en 1864.

On peut, ainsi que l'a très justement fait remarquer M. Cernuschi,
considérer le billet fiduciaire comme ayant été supprimé en Angleterre
par l'act de 1844. Sir Robert Peel a, en effet, par sa grande réforme,
déclaré qu'il n'y aurait plus que deux espèces de billets. Les billets
de la première espèce correspondent à la créance de la Banque contre
l'Etat, c'est-à-dire à 14 millions de livres sterling; mais comme, de
l'autre côté de la Manche, le billet de banque a cours légal, ces
quatorze premiers millions de billets, s'ils ne sont pas immédiatement remboursables en numéraire, ont toujours du moins immédiatement une issue assurée, puisqu'ils peuvent être reçus en payement
de l'impôt et que les recettes de l'échiquier dépassent 70 millions de
livres sterling. Les billets de la seconde espèce doivent avoir tous leur
représentation métallique. Ils sont donc à toute heure remboursables,
et n'ont aucun caractère fiduciaire; ils constituent seulement la mobilisation du stock métallique. On ne saurait disconvenir que la condition d'existence du papier émis par la Banque d'Angleterre est extrêmement différente de la condition du papier fabriqué par la Banque
de France. Le billet fiduciaire reposant exclusivement sur un effet
commercial à échéance déterminée n'existe réellement pas de l'autre
côté du détroit.

On pourrait au besoin, et comme acheminement vers une réforme
complète, adopter le système anglais. On laisserait subsister une
circulation fiduciaire dont le chiffre serait égal, par exemple, au
montant de la dette de l'Etat augmentée du montant des rentes
possédées par la Banque, et, au delà de cette limite, chaque billet
devrait avoir sa représentation métallique. Le maintien dans la circulation de cette quantité de billets appuyés sur la dette de l'Etat et sur
les rentes serait superflu. Cette combinaison pourrait être une tran-
sition entre l'état actuel de choses et la réforme qui, tôt ou tard, devra
être adoptée.

La Banque de France, qui jouit d'un si grand crédit malgré son
vice originel, pourrait fonctionner dans les conditions ordinaires des
autres banques et, en servant un intérêt aux déposants, opérer seulement avec de la monnaie métallique. Débarrassé du privilège de
l'émission fiduciaire, cet établissement présenterait d'immenses garanties de sécurité pour le crédit public. Il demeurerait comme un roc

4

inébranlable sur lequel les autres institutions de crédit prendraient toujours un point d'appui.

Si l'on n'apporte pas dans ses statuts le changement radical que nous indiquons, il n'y a rien ou presque rien à modifier dans le régime actuel de cette institution. Avec un point de départ faux, on ne pouvait arriver à créer une organisation relativement plus parfaite. Il faut convenir aussi que le génie des premiers fondateurs a été singulièrement secondé par l'habileté et le talent de ceux qui ont successivement administré cet établissement. Quand on pense à toutes les épreuves révolutionnaires et autres que la Banque de France a dû traverser, on est supris de la voir toujours rester debout et sortir de ces orages sans avoir jamais subi d'atteintes sérieuses. Néanmoins il serait dangereux d'induire du passé des prévisions certaines pour l'avenir. On ne sait jamais jusqu'à quel degré d'intensité peut arriver une crise. Si jusqu'ici la Banque de France a toujours évité les écueils, on ne peut disconvenir qu'elle a été, à plusieurs reprises, bien près de recevoir des blessures mortelles. L'intéressante déposition de M. Garnier-Pagès, lors de l'enquête de 1865, contient notamment à cet égard un enseignement précieux, et ce n'est pas sans une certaine émotion qu'on lit le récit de son entrevue, alors qu'il était ministre des finances, avec le comte d'Argout. Il a raconté lui-même qu'il avait vu M. le comte d'Argout « arrivant pâle et tremblant, le 15 mars 1848, à deux heures, dans son cabinet, et déclarant que, depuis dix heures du matin, on avait payé 10 millions et qu'il ne restait plus en caisse que 60 millions qui allaient être épuisés si l'on ne fermait pas les guichets. » M. Garnier-Pagès demanda à M. d'Argout si c'était bien le sentiment général que la Banque était perdue, et aussitôt l'éminent gouverneur de répondre : « C'est si bien l'opinion générale qu'hier, à la Bourse, les actions de la Banque sont tombées d'une manière effrayante. » Le cours forcé fut décrété. Il n'eut pas certainement une très longue durée ; mais ce n'est pas non plus un fait duquel on puisse tirer aucune induction certaine pour l'avenir.

Est-il donc inutile de rappeler aussi ce qui s'est passé en 1870, au moment de la déclaration de guerre ? A-t-on oublié les alarmes inspirées à cette époque par la réserve métallique de la Banque de France ? En une semaine, à la fin de juillet, cette réserve avait diminué de plus de 70 millions, et de suite la peur s'était emparée de l'esprit public. L'encaisse totale, en y comprenant les compte courants, était cependant encore à cette époque de plus d'un milliard ; mais la peur ne raisonne pas. Les uns demandaient le cours forcé et l'indiquaient comme le seul moyen d'éviter une crise. On écrivait alors cet aphorisme : « Nous soutiendrons que décréter le cours forcé équivaut pour la France à une force de deux cent mille hommes de plus sur le Rhin. » Ou bien on déclarait, comme M. Ducuing, que la Prusse allait vendre sur notre marché tout ce qu'elle possédait de valeurs en chemins lombards, autrichiens ou bons américains, etc., et qu'elle présenterait par des intermédiaires, au guichet de la Banque, les billets produits par ces ventes. D'autres, il est vrai, comme M. Léon Say, dissuadaient de recourir à un remède qui peut être ordinairement considéré comme pire que le mal à guérir ; mais tous étaient émus et effrayés. La circulation fiduciaire apparaissait à ce moment comme étant pleine de dangers et d'inconvénients, et l'on comprenait combien il est grave, pour un grand établissement d'État, d'avoir dans les mains du public des billets payables au porteur pour une somme de 1,500 millions, et de ne posséder pour faire ces payements qu'une encaisse de 328 millions [1].

Le cours forcé fut alors décidé avec le concours des Chambres, et cette mesure, grâce aux circonstances que nous avons indiquées, fut salutaire ; mais ce qui serait encore plus salutaire aujourd'hui, ce serait de ne plus s'exposer aux mêmes dangers. On imposa d'abord un maximum d'émission. Ce maximum fut de 1,800 millions. Son insuffisance ne tarda pas à se manifester, et une loi dut en porter le chiffre dans la suite à 3,200 millions. Cette limite faillit même un instant, en décembre 1873, être dépassée.

Il est toujours mauvais pour un gouvernement, quel qu'il soit, d'avoir à côté de lui une banque pouvant prêter de l'argent ou plutôt du papier imprimé avec un cours forcé. Il n'est pas superflu, pour faire comprendre les redoutables conséquences de ces banques d'émission, de raconter les circonstances dans lesquelles le gouvernement de la Défense nationale se fit successivement consentir des prêts. Ce qui s'est passé à cette époque est presque tombé dans le domaine de l'oubli. On ne paraît pas se souvenir de la catastrophe financière dans laquelle la fortune de la France a failli sombrer.

---

1. Au 11 août 1870, l'encaisse était de. . . . .   1,028 millions

A déduire, compte créditeur de l'État. 118.206.000
—   comptes courants particuliers. . .   582.275.000
                                                 _____
                                                 700.481.000   760 millions
                                                                       _____
                                    Différence. . . . .   328 millions

Paris était investi par les troupes prussiennes. Le Gouvernement était partagé en deux délégations, l'une enfermée dans la capitale, et l'autre cherchant par une levée en masse à repousser l'ennemi. Un tel effort de la part d'un gouvernement régulier eût nécessité des sacrifices immenses ; mais, dans les conditions anormales où l'on se trouvait, ces sacrifices devaient être dix fois plus considérables. Les collaborateurs de M. Gambetta se plaignaient de rencontrer chez M. de Roussy, délégué du ministre des finances, une constante opposition à l'ouverture de nouveaux crédits. Le ministre de la guerre s'élevait contre le *formalisme* et la routine de M. de Roussy, et, le 20 décembre, il écrivait à M. Crémieux : « Il est impossible et insoutenable d'arrêter ou d'entraver la défense par la question financière. Il faut passer outre, dût-on revenir aux extrêmes procédés de la première République. Je vous prie de réunir votre conseil financier et d'aviser ; il y a urgence. »

« Il s'agit, écrivait, à la même date, M. Lecesne à M. Gambetta, de savoir et de vouloir ; laissera-t-on la France, si riche, périr faute d'argent, faute d'un milliard que vous pouvez créer ? » Mais le conseil des finances, approuvant l'attitude du délégué du ministre, repoussait les expédients qui lui étaient proposés. M. Laurier, dont l'esprit sagace et pénétrant envisageait la profondeur de l'abîme dans lequel on pouvait précipiter le pays en ayant recours aux expédients, cherchait à *louvoyer* [1]. Il ne voulait pas heurter de front les idées du ministre de la guerre et de l'intérieur. Cependant, cédant sans doute à de nouvelles instances, il télégraphiait à M. Gambetta : « Tu veux un milliard, tu l'auras [2]. »

Les fonds du Trésor étaient épuisés. La Banque de France pouvait seule fournir les subsides nécessaires, mais elle se refusait à sortir des conventions qui existaient. Afin sans doute de l'amener à se plier aux désirs du Gouvernement, on imagina un projet ayant pour but de monnayer la nue propriété de nos chemins de fer. Ce projet, s'il avait été adopté, aurait eu pour conséquence inévitable la ruine du pays et la faillite de la Banque. Il est exposé avec une remarquable lucidité dans une dépêche adressée par M. Laurier à M. Gambetta. Nous reproduisons ci-dessous cette dépêche, qui est peu connue. Elle

1. Déposition de M. Laurier devant la commission d'enquête du 4 septembre, p. 93.
2. Déposition de M. Roy, p. 106.

est extraite du rapport de M. Boreau-Lajanadie sur l'emprunt Morgan :

« Le succès définitif de la guerre — écrivait M. Laurier à M. Gambetta — a pour condition essentielle beaucoup d'argent : or, on ne peut avoir d'argent que par l'impôt ou l'emprunt. L'impôt n'est plus possible ; celui de 45 centimes, en partie, a tué la République de 1848 ; une nouvelle expérience aurait des conséquences analogues et beaucoup d'autres inconvénients faciles à concevoir. L'emprunt, dans les conditions et les errements du passé, n'est plus possible ; il serait d'ailleurs très onéreux et pourrait avoir pour effet de compromettre absolument le crédit national. La création d'une valeur de circulation reposant sur un gage sûr et capable de fournir à la Trésorerie une alimentation abondante, sans cesse renouvelable, sans charge pour le public, résoudrait le problème et répondrait à tous les besoins comme à toutes les difficultés. Cette création est toute trouvée ; il suffit de mobiliser la nue propriété des chemins de fer français, en faisant une émission de titres qui en seraient la représentation. Ces titres seraient sans intérêt et auraient cours forcé comme les billets de la Banque de France. Ils seraient divisés en coupures de 5,000, 1,000, 100, 50, 25, 10 et 5 francs. Il serait créé pour trois milliards de ces valeurs, qui seraient émises au fur et à mesure des besoins du service public. Les chemins de fer, qui ont coûté jusqu'ici une trentaine de milliards, vaudront des sommes incalculables le jour où ils reviendront aux mains de l'Etat, les Compagnies ne restant propriétaires que du matériel d'exploitation.

« Cette combinaison, qui n'a contre elle que sa nouveauté, remplit toutes les conditions d'un emprunt légitime, sans avoir aucun de ses inconvénients. Elle rendrait insensible le poids des frais de la guerre reportés ainsi sur l'avenir ; elle éteindrait la dette flottante ; elle déconcerterait la Prusse, qui y verrait une preuve nouvelle de l'inébranlable résolution du pays : elle n'aurait contre elle que les sociétaires de la Banque, dont le principe serait frappé dans sa racine, inconvénient peu appréciable à côté de tels avantages. Cette conception, si simple dans son principe, si considérable dans ses résultats, est digne des méditations et des résolutions d'un esprit comme celui du ministre de la guerre et de l'intérieur. Je le supplie de remarquer qu'elle vient d'un homme qui a l'habitude des affaires, qui y a gagné une grande fortune par son habileté et son travail opiniâtre, qui a réfléchi mûrement sur son plan et ses conséquences, et qui est aujourd'hui au-dessus de toute spéculation et de calculs personnels. '

« Maintenant, ajoutait la dépêche, qui reproduisait des notes de M. Gilberton, voici l'écueil : Au fond, il s'agit d'une émission de papier-monnaie, car il faut appeler les choses par leur nom, et il faut bien reconnaître que les hommes de finances en France sont radicalement opposés à toute combinaison de cette nature. Et cependant, qu'est l'institution de la Banque de France, sinon une grande fabrique de papier-monnaie qu'elle met en circulation à un taux d'intérêt plus ou moins élevé ? Et pourquoi la Banque de France aurait-elle seule le bénéfice d'un pareil privilège ? M. Gambetta aurait donc à peser s'il doit passer outre, sans crainte de heurter la Banque de France. Dans le cas contraire, il devrait, selon nous, se servir de cette institution pour faire face aux besoins de la guerre. Pour cela, il faudrait obliger cette institution, par voie de réquisition, à émettre, au profit de l'Etat, une nouvelle série de billets de banque, dans les mêmes conditions et dans la même forme que ceux qui existent aujourd'hui, et en quantité suffisante pour faire face à tous les besoins. Les sommes ainsi avancées par la Banque au Trésor public seraient liquidées après la guerre, au moyen d'un emprunt combiné avec le mécanisme de la Banque, emprunt dont nous nous réservons d'indiquer les moyens de détail à M. le ministre de la guerre et de l'intérieur, s'il juge à propos de donner suite à cette dernière combinaison. Si, au contraire, M. Gambetta croyait devoir s'arrêter à l'idée de la mobilisation de la nue propriété des chemins de fer, nous nous ferions également un vrai plaisir de lui fournir tous les renseignements qu'il croirait devoir nous demander. »

Cette combinaison financière devait avoir pour but de faire supposer à la Banque de France que l'on se passerait d'elle et qu'au besoin on ferait concurrence à son papier par l'émission d'un papier d'Etat. Malgré cette menace, M. Cuvier, représentant en province pendant l'envahissement de Paris de l'administration de cet établissement, résistait. La forme impérative des exigences du gouvernement de la Défense nationale n'ébranlait pas la fermeté du sous-gouverneur[1]. «Allez de ma part, écrivait M. Gambetta à M. de Freycinet, allez trouver M. Crémieux ; nous déposséderons, s'il le faut, la Banque de France

1. Rapport de M. Boreau-Lajanadie, p. 54.

et nous marcherons sans toutes ces résistances qui perdent la France. »
Il lui fut répondu : « À la bonne heure, voilà du bon Gambetta ! »

Ce que l'on n'avait pu obtenir par voie de négociations ou d'intimi-
dation, on l'ordonna par un décret imposant à la Banque de France
une première avance de 100 millions. Le ministre de l'intérieur et de
la guerre trouva cette mesure trop timide. Cent millions pourvoyaient
à peine à la dépense de quelques jours et M. Gambetta écrivit à
M. Laurier[2] : « Tout cela est insuffisant. Prenons-le, mais d'ici à
huit jours, il faut prendre une mesure décisive qui nous donne douze
fois plus. »

M. Cuvier préféra se retirer plutôt que de paraître approuver par
sa soumission la moindre atteinte portée à la propriété de l'établissement financier dont la défense lui était confiée et qui constitue le
patrimoine d'un grand nombre de familles et notamment de personnes
en tutelle. En effet, les 182,500 actions de la Banque sont la propriété
de 22,259 actionnaires. Elles se divisent ainsi : 105,800 actions
appartenant à des propriétaires ayant la libre disposition de leurs
biens et 76,700 étant détenues par des mineurs, des interdits, des
femmes mariées et des établissements publics. M. Cuvier ne pouvait
rien contre la force. Il lui était du moins permis de protester par
le refus de son adhésion et il écrivit à M. Crémieux la lettre suivante :

« Monsieur le Ministre,

« Je reçois le décret en date du 25 décembre par lequel le Gouvernement me donne l'ordre de lui ouvrir un nouveau crédit de
100 millions. Après une longue nuit de préoccupations et d'angoisses,
sentant le péril de tous côtés, je viens vous dire, humblement, avec
une profonde tristesse, que je ne puis me résoudre à faire ce que ma
conscience me crie que je n'ai pas le droit de faire. Cependant je
voudrais que mon désaccord avec le Gouvernement n'aggravât pas la
situation que les circonstances lui font. Pour éviter un éclat nuisible,
je puis vous demander, en invoquant mon âge, ma santé, l'excès de
travail depuis trois mois, de me remplacer dans mes fonctions. Si
vous craigniez même que ce remplacement définitif ne fût interprété
défavorablement, je pourrais, en invoquant les mêmes motifs et le

2. *Idem.*

besoin de chercher un climat plus doux, vous demander un congé de deux ou trois mois. »

« *L'occasion fut saisie à la nuque* » selon l'expression employée par M. Laurier dans la dépêche adressée le jour même à M. Gambetta. M. Cuvier fut remplacé et on imposa à la Banque une *convention* en vertu de laquelle cet établissement s'obligeait à faire au gouvernement de la Défense nationale, par sommes de 100 millions, les avances nécessaires aux besoins de la guerre jusqu'au moment où les communications pourraient être rétablies entre les deux fractions du Gouvernement.

L'armistice fut heureusement signé peu de temps après *cette convention*, c'est-à-dire le 29 janvier, et là planche aux assignats n'eut pas le temps d'inonder le marché de billets qui n'avaient même pas comme contre-partie un effet de commerce. Il n'en est pas moins vrai que le péril a été immense. Si on avait posé la question suivante à M. Cuvier au moment où il était aux prises avec ses angoisses patriotiques : Ne serait-il pas préférable que la Banque n'eût jamais existé et ne croyez-vous pas que les services qu'elle a rendus depuis le commencement du siècle sont insignifiants en comparaison du mal qu'elle pourra faire le jour où elle sera livrée à la discrétion d'un gouvernement aux prises avec toutes les difficultés de la guerre? l'éminent gouverneur n'eût pas hésité vraisemblablement à répondre qu'il eût été mille fois préférable que la Banque n'eût jamais été créée. Les leçons du passé sont malheureusement stériles. L'expérience, a dit Franklin, tient une grande école ouverte. Nous pourrions ajouter que cette école est bien peu fréquentée. Qui pourrait affirmer, en effet, que l'histoire d'hier ne sera pas celle de demain?

Le monopole concédé place évidemment une grande banque d'émission dans une certaine dépendance vis-à-vis du Gouvernement, auteur de la concession. Mais comme ces sortes de monopoles sont toujours l'objet de contrats passés pour des périodes déterminées, on peut espérer qu'en temps ordinaire le contrat sera respecté. Il n'en est plus de même du cours forcé que le Gouvernement donne par mesure de salut public et qu'il peut retirer quand bon lui semble. Cette facilité de retrait condamne la banque ainsi dotée du cours forcé à une dépendance telle, que l'on peut presque dire que c'est l'État qui est le maître d'imposer chaque jour ses volontés.

Tous les pays qui ont employé le papier fiduciaire comme instrument de circulation ont été, sans exception, contraints de recourir au cours forcé, c'est-à-dire à un instrument qui n'est plus ni de la monnaie de papier, ni du papier fiduciaire. Le papier-monnaie est une valeur de fantaisie, sans contre-partie métallique et sans convertibilité possible. M. de Montalivet, ministre de l'intérieur, s'exprimait en ces termes, le 25 octobre 1810, sur ces sortes de billets : « Le papier-monnaie, disait-il, est considéré par l'empereur comme le plus grand fléau des nations et comme étant au moins, au moral, ce que la peste est au physique. » C'est qu'en effet Napoléon Ier avait été témoin du régime des assignats. Il redoutait les inconvénients d'un mode de payement qui peut entraîner après lui d'incalculables désastres. Lors de son retour d'Allemagne, il disait aux administrateurs de la Banque de France : « Sur le champ de bataille d'Austerlitz, mon plus grand souci, ce n'était pas l'armée russe, c'était vous. »

« Il faut, écrivait encore, le 20 octobre 1805, l'empereur à Régnier, ministre de la justice, que la Banque échange ses billets contre de l'argent à bureau ouvert, ou qu'elle ferme ses bureaux si elle manque d'argent. Quant à moi, je ne veux pas de papier-monnaie. »

Tel est, en effet, le danger contre lequel il importe de se prémunir. Le seul moyen d'atteindre à ce résultat, c'est la suppression du billet fiduciaire. Le cours forcé, qui était purement nominal en France depuis quelque temps, a même cessé d'exister, et le pays regorge d'espèces métalliques. On regrettera peut-être plus tard de n'avoir pas profité de l'occasion qui nous est en ce moment offerte par les circonstances. C'est la deuxième fois qu'il en est ainsi en France. Le même phénomène pourrait bien ne pas se reproduire une troisième fois. Nous sommes redevables de l'état actuel de choses à un concours de circonstances accidentelles. La première, c'est que le cours forcé a été décrété alors qu'il n'était pas encore nécessaire ; la seconde, c'est que nous avons eu de bonnes récoltes qui nous ont dispensé de payer en or des grains achetés à l'étranger ; enfin, la troisième — dont il n'y a pas lieu de s'applaudir — c'est qu'il existe dans les affaires une stagnation presque complète. Les capitaux se sont accumulés à la Banque. Il s'est produit ce que l'on appelle la grève du métal. L'encaisse de la Banque s'est remplie d'or et d'argent, et son chiffre est plus élevé qu'il ne l'a jamais été. Nos voisins n'ont pas aussi heureusement échappé aux dangers du cours forcé. Chez presque tous, la circulation du papier-monnaie, au lieu de se restreindre, s'est accrue et les capitaux expulsés par le papier font presque complètement défaut. Les nations qui ont eu le malheur de recourir à ce dangereux expédient ne peuvent plus s'en défaire. Aucune n'est en situation de revenir au payement en espèces. La France a cette bonne fortune, à l'heure actuelle, de pouvoir abandonner la circulation du papier fiduciaire. Il serait souverainement imprudent de ne pas profiter de l'occasion qui se présente. Telle est la mesure prise par les Anglais qui ont eu du papier-monnaie pendant vingt-trois ans, de 1797 à 1820. Ils ont fait la longue et douloureuse expérience de ce funeste expédient qui a eu pour eux des conséquences désastreuses. Le billet fiduciaire de la Banque d'Angleterre a un instant perdu 30 pour 100, et un écrivain autorisé a posé la question de savoir si c'était la guerre contre la France ou la suspension des payements en espèces métalliques qui avait causé le plus de mal à la Grande-Bretagne. Les variations du change, les hausses et les baisses de la valeur des billets qui altéraient la sincérité et qui troublaient la régularité des transactions ont amené l'Angleterre à transformer la Banque de ce pays et à l'organiser dans des conditions telles que l'on peut déclarer que la monnaie fiduciaire a presque disparu de l'autre côté de la Manche.

Si la Banque de France rentrait dans les conditions ordinaires, si on lui retirait l'oreiller moelleux du monopole de l'émission, si elle n'opérait plus dorénavant qu'avec des instruments vrais comme toutes les autres banques, elle serait la première maison du monde, car elle a pour elle le mérite d'une longue existence, et elle a pu se composer un personnel de premier ordre à tous les degrés de la hiérarchie. Ce n'est pas en un jour que l'on réunit un nombre d'employés dont la capacité et la moralité sont proverbiales et que l'on organise un service de garçons de recettes dont l'intelligence n'est égalée que par la parfaite honnêteté. A des esprits superficiels, ce modeste rouage d'une grande maison de crédit, que l'on appelle le garçon de recettes, pourrait paraître d'un intérêt secondaire, mais tous ceux qui ont vu de près les détails du commerce de l'argent, savent apprécier l'importance du rôle de ces agents. Les encaissements à domicile constituent une opération délicate. Ainsi le 30 octobre 1869, la Banque de France a dû faire faire des encaissements chez des particuliers pour la somme énorme de 133 millions. Ces recouvrements ont été opérés à cinquante mille domiciles, de neuf heures du matin à six heures du soir, dans tous les quartiers de Paris, et ce travail pour lequel il faut une si grande précision, a été exécuté par cent cinquante-trois garçons et cent cinquante-trois aides, soit en totalité trois cents six agents. C'est une moyenne de cent soixante-cinq domiciles par agent.

La Banque de France, sans le billet fiduciaire, serait la réalisation d'un immense progrès. Cet établissement pourrait être dispensé de cette surveillance gouvernementale qui est souvent un embarras pour l'Etat. Jouissant de sa complète indépendance, n'ayant plus à se préoccuper constamment du niveau de son encaisse, ayant à sa libre disposition l'usage de son capital, pouvant payer un intérêt pour les fonds déposés et n'étant plus dans l'obligation de tenir constamment et gratuitement à la disposition du Trésor une somme considérable, la Banque de France rendrait d'immenses services et ne tarderait pas, poussée par l'aiguillon salutaire de la concurrence, à organiser sur toute la surface du pays des comptoirs qui initieraient nos populations aux bienfaits du crédit. Débarrassée de cette perpétuelle inquiétude du remboursement du billet à vue et au porteur, elle pourrait consentir, dans des régions aujourd'hui totalement dépourvues de banques, des prêts à longue échéance et répondre par conséquent à des besoins de différents genres. Elle prêterait son concours à des commerçants et à des agriculteurs tout à la fois, tandis qu'actuellement, à cause de son émission fiduciaire, sa fonction presque unique doit être l'escompte de l'effet commercial à très court terme.

La Banque pourrait faire l'escompte du papier agricole le jour où elle cesserait d'être arrêtée par la crainte d'étendre sa circulation fiduciaire, et par conséquent d'être exposée à des demandes de remboursement. Elle verrait alors le chiffre de ses affaires prendre des proportions inouïes. On ne serait plus témoin du singulier spectacle auquel nous assistons. Les encaisses de toutes les banques regorgent de capitaux qui sont à 2 ou 3 pour 100 à la disposition de la clientèle industrielle et commerciale, et pendant qu'il en est ainsi dans les villes, toute une autre catégorie de travailleurs — celle des cultivateurs — manque d'argent ou du moins d'argent à bon marché. S'il existait des banquiers ou des succursales de la Banque de France dans tous nos chefs-lieux de canton, les agriculteurs auraient de l'argent à 2 pour 100 en ce moment, tandis qu'ils ne peuvent en obtenir qu'à 6 et 7 pour 100. Il y a, au point de vue agricole, une véritable révolution à opérer. Pour faire cette révolution toute pacifique, il faut vaincre des méfiances et combattre de vieilles habitudes. Nul établissement mieux que la Banque de France ne peut jouer ce rôle et faire pénétrer dans nos campagnes les habitudes du dépôt à intérêt, du chèque, du compte courant, etc.; mais cet établissement ne saurait entreprendre une œuvre pareille en conservant cette robe de Nessus que l'on nomme le billet fiduciaire.

Les libérations opérées au moyen de chèques, de virements de comptes, etc., non-seulement simplifieraient les rapports commerciaux, mais contribueraient à diminuer la fréquence des crises monétaires. Moins le déplacement des métaux précieux à l'intérieur du pays sera considérable, moins nombreux et moins sensibles seront ces malaises qui consistent dans une rareté de numéraire. Le développement du système des payements économiques permet de restreindre considérablement l'appareil des instruments de libération. C'est ainsi que, tandis que la circulation des billets a augmenté en France, elle diminue dans les pays voisins, tels que l'Angleterre, les États-Unis, la Hollande, la Suisse. Quant à la ville de Hambourg, dans laquelle il se fait un commerce si important, la circulation fiduciaire y est complètement nulle; les dettes sont compensées par d'autres dettes, et ce sont les banquiers, pour le compte de leurs clients, qui soldent les différences. Ces perfectionnements qui existent chez nos voisins, et qui doivent nous inspirer, non pas un sentiment de jalousie, mais un ardent désir d'imitation, ne sont pas désirables seulement pour nos petites villes et pour nos campagnes, si complètement déshéritées en ce moment sous le rapport du crédit; ils sont aussi désirables pour la ville de Paris et d'autres grands centres semblables dans lesquels, toutes proportions gardées, le système des modes de libération est presque aussi en retard que dans nos communes rurales, en comparaison de ce qui se passe à l'étranger. M. Pinard, le directeur du Comptoir d'escompte, a déclaré lors de la grande enquête sur la circulation fiduciaire et monétaire, qu'il avait offert aux commerçants de Paris d'encaisser leurs effets gratuitement, ainsi que leurs factures, sans aucun droit de commission, à la condition qu'ils domicilieraient leurs acceptations au Comptoir, et que sa proposition était restée presque sans aucun résultat. « Il y a des habitudes antérieures prises, a-t-il dit, soit par les femmes des commerçants, soit par leurs caissiers, soit par les teneurs de livres, qu'il est difficile de vaincre. Il n'y a pas moyen d'empêcher un boutiquier de payer, par ses propres mains, son petit billet de 300 francs. Il espère toujours ne donner que 299 francs. »

Il est profondément regrettable de n'avoir pas encore vu se généraliser en France ces établissements connus à Londres et à New-York sous le nom de clearing-house, et dans lesquels les banquiers se réunissent deux fois par jour pour compenser mutuellement les dettes de leurs clients. A Londres, c'est dans ce lieu de réunion que se liquident presque toutes les affaires. Le chiffre des opérations annuelles est d'environ 60 milliards. Au clearing-house de New-York, on a compensé, en 1864, pour 140 milliards de francs. Ces règlements de comptes se font au moyen d'annulations réciproques de chèques ou de lettres de change, et les appoints seulement sont soldés en billets de banque ou en espèces. A Londres, les lettres de change et les chèques figurent en moyenne dans ces liquidations pour 94 pour 100 ; les billets de banque pour 5 pour 100, et la monnaie métallique pour 1 pour 100.

Il y a entre ce système d'annulation réciproque des engagements commerciaux, et le mode de payement effectué par la Banque de France, le 30 octobre 1869, à 50,000 domiciles différents, la même différence qu'il y a entre cette ancienne diligence jaune, dans laquelle on se hissait péniblement, rue de Grenelle-Saint-Honoré, et le wagon de chemin de fer qui vous fait traverser la France en quatorze heures.

La diffusion des saines notions économiques, en ce qui concerne l'organisation du crédit et de la circulation monétaire, ne serait pas utile seulement, en France, au point de vue du perfectionnement des modes de libération, mais aussi au point de vue des modes de placement de l'épargne. L'ignorance dans laquelle nous sommes plongés, et dont nous ne paraissons pas comprendre l'étendue, tant nous semblons nous y complaire, donne aux petits capitalistes, qui sont après tout l'immense majorité, tantôt une confiance trop aveugle et tantôt une prudence exagérée. Il est certain que c'est par suite d'un défaut d'instruction économique de notre part que, pendant une certaine période, tous nos voisins ont pu ouvrir chez nous avec succès des souscriptions à des taux qui auraient dû éclairer le public. Si l'on avait connu cette maxime du vieux Wellington [1] : « Un intérêt élevé est signe de faible sécurité, » moins de chemins de fer auraient été construits à nos dépens dans différents pays, et quelques gouvernements n'auraient pas contracté des emprunts aussi inutiles à leurs gouvernés que funestes pour les souscripteurs français. De 1857 à 1867, la France a souscrit des actions ou des rentes étrangères pour

1. High interest means bad security.

environ 6 milliards, et aujourd'hui le capital, puisé en majeure partie dans de petites bourses, est presque perdu.

De même que, pour un particulier, l'épargne bien placée est la meilleure source de richesses, de même, pour une nation, un emploi utile de toutes les épargnes individuelles est une cause de prospérité générale. Le savant M. Horn en 1865 estimait l'épargne annuelle de la France à environ 1,200 millions. En donnant ce chiffre, il déclarait que cette indication ne pouvait être que très approximative. Elle était cependant confirmée par d'autres économistes, et notamment par M. Laveleye. Les souscriptions publiques faites pour chemins de fer, emprunts d'Etats aussi bien français qu'étrangers, etc., montaient, pour les dernières années de l'Empire, en moyenne, à peu près à 1,200 millions. On pouvait aussi justifier cette évaluation de l'épargne annuelle de la manière suivante. La population totale de la France étant alors de 37,400,000 habitants, il faut en retrancher 2,900,000 habitants qui sont sans profession, soit une population de 34,500,000. En supposant les familles composées en moyenne de cinq personnes, on trouve 7 millions de familles qui, économisant 170 francs par an, produisent une somme totale de 1,200 millions. Depuis cette époque, l'épargne de la France a augmenté et un économiste des plus compétents et des plus autorisés en ces matières, M. Paul Leroy-Beaulieu l'a évaluée à à 3 milliards.

Quand on pense aux innombrables bienfaits que répandrait une telle richesse annuelle, employée d'une façon productive ; quand on pense que nous avons en France une mine de capitaux pouvant certainement produire beaucoup plus d'un milliard par an, si elle est bien exploitée, on comprend la gravité de la question des banques à la bonne solution de laquelle sont subordonnés tant d'intérêts. Ce qui importe, c'est d'abord d'organiser l'appareil de nos instruments de payement sur des bases vraies. Les bases actuelles sont essentiellement fausses, ainsi que nous croyons l'avoir démontré dans le cours de ce travail. Ce qui est urgent ensuite comme conséquence, du reste, de cette première transformation, c'est de multiplier les petites banques fonctionnant dans des conditions normales. Lorsqu'on aura couvert la surface du pays de comptoirs jouissant de leur complète indépendance ou, au besoin, commandités et surveillés par la Banque de France ou les autres grandes institutions rivales, on aura creusé mille petits canaux permettant d'utiliser toutes les épargnes et de les faire passer des mains de ceux qui les ont acquises aux mains de ceux qui peuvent les faire fructifier. Il est profondément regrettable d'avoir à constater que chacun de nos chefs-lieux de canton n'est même pas doté d'une caisse d'épargne qui a été si justement dénommée l'école primaire des capitaux. C'est par un drainage complet des capitaux, c'est par l'adoption des moyens de payement perfectionnés que l'on transformera le pays au point de vue des conditions morales aussi bien que physiques, car nous croyons que les unes et les autres ne sauraient être complètement séparées.

Le vrai progrès, en matière de banque, les instruments de payement artificiels étant supprimés, devra découler non des lois mais des mœurs. Par la diffusion de l'enseignement économique, on parviendra seulement à réformer des idées depuis trop longtemps confinées dans les langes d'une routine aveugle, et si l'intention pouvait être réputée pour le fait, nous oserions dire que nous avons cherché à apporter notre grain de sable dans cette œuvre de vulgarisation.

Paris. — Imprimerie P. Mouillot, 13, quai Voltaire. — 15188.

www.ingramcontent.com/pod-product-compliance
Lightning Source LLC
Chambersburg PA
CBHW070908210326
41521CB00010B/2104